Le présent ouvrage a été publié
avec le soutien de
l'Académie Nicaraguayenne de la Langue

ANL

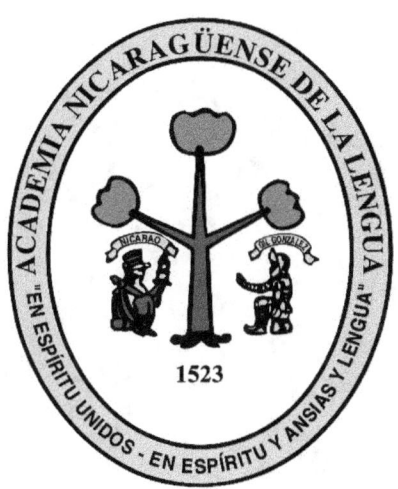

"En espíritu unido, en espíritu y ansias y lengua."

La Collection "*Travaux Panofskiens*" est dédiée à l'étude des oeuvres d'art de la période moderne (XIIème-XVIIIème siècles) et de la période contemporaine (XIXème-XXIème siècles), à partir de plusieurs concepts des études de l'École de Warburg, notamment représentés dans les travaux de son principal représentant Erwin Panofsky. Ces concepts sont les suivants:

La transmission des symboles culturels entre les époques, et la permanence de leur représentation;

L'étude des oeuvres d'art comme matériel pour comprendre leur époque et l'histoire des mentalités qui y est liée, c'est-à-dire, inversement, les idées, les pratiques et les moeurs, que révèlent les oeuvres d'art;

En ce sens, l'interaction entre les cosmos de cultures profane et religieuse, d'une part, et populaire, cultivée et savante, d'autre part.

Le principal apport de la présente Collection, ou son principal projet en tous cas, est d'aborder, non seulement les oeuvres de l'époque moderne, champ d'étude particulier de l'École de Warburg et de Panofsky, mais d'amplifier cedit champ à celui de la contemporanéité, en particulier des avant-gardes, afin, non seulement d'appliquer la méthode panofskienne à l'art contemporain, mais encore pour en expérimenter la pertinence dans le cadre visuel de la non figuration et de l'abstraction (soit-elle, celle-ci, thématique ou formelle).

Dr. N.-B. Barbe

Norbert-Bertrand Barbe
Membre Honoraire de
l'Académie Nicaraguayenne de la Langue

LA CHUTE D'ICARE DE BRUEGHEL L'ANCIEN: UNE ALLÉGORIE DU PÉCHÉ ORIGINEL?

ISBN: 978-2-35424-204-6

Collection "*Travaux Panofskiens*"

© 2018, Bès Editions

Toute reproduction intégrale ou partielle du présent ouvrage, faite par quelque procédé que ce soit, sans le consentement de l'auteur ou de ses ayants cause, est illicite et constitue une contrefaçon sanctionnée par les articles L.335-2 et suivants du Code de la propriété intellectuelle.

sommaire general du volume

I = Questions d'iconographie   I

II = Questions d'iconologie   6

a) Brueghel et Ovide   6

b) Brueghel et Sebastien Brant   11

c) Brueghel et les livres d'emblèmes de l'ère baroque
                                                            16

d) Brueghel et l'origine antique des thèmes littéraires du Moyen Age et de la Renaissance: un discours sur la Fortune qui punit l'infidélité des hommes   20

e) Brueghel, le thème génésiaque associé à Icare et Phaëton dans la mythologie classique et ses metamorphoses à la période moderne   32

III - Supplément: la question du personnage mort, apparaissant sous les arbres au second plan de *La Chute d'Icare* de Brueghel   43

IV - Conclusion   47

PLANCHES

I - Questions d'iconographie

La datation comme l'attribution de *La Chute d'Icare* posent encore de nombreux problèmes. Les analystes hésitent à identifier le tableau avec celui qu'on trouve dans les inventaires de Prague de 1621 et de 1647-1648, d'autant que Granberg croit reconnaître dans celui recensé en 1647-1648 une oeuvre de H. Bol, actuellement conservée au Nationalmuseum de Stockholm.

Quoiqu'il en soit, *La Chute d'Icare* fut acquise seulement en 1912 chez un antiquaire de Londres, au profit des Musées Royaux des Beaux Arts de Bruxelles. Avant cette date, elle était inconnue. Hulin de Loo par exemple en rattachait les mentions dans les différents inventaires à un hypothétique tableau réalisé d'après l'estampe exécutée à Rome en 1552-1553.

Une autre version, anciennement dans la collection parisienne de J. Herbrand, est aujourd'hui la possession de D.M. van Buuren à Bruxelles.

Glück entre autres pense que cette réplique est meilleure que celle des Musées Royaux. Mais la plupart des critiques voient dans cette dernière le seul original.

Van Puyvelde considère les deux versions comme des originaux, alors que Foucart, Jedlicka et Michel les considèrent comme des faux, arguant que la technique en est très inférieure à celle habituelle de Brueghel. Michel attribue ainsi *La Chute d'Icare*, mais aussi la *Vue de Naples* (1558) de la Galleria Doria à Rome et les *Proverbes flamands* (1559) du Staatliche Museen de Berlin, à un artiste de l'entourage de Brueghel, bien que par ailleurs l'on ne sache rien des collaborateurs éventuels du maître.

Le problème de la datation est tout aussi ardu. Glück et Tolnay proposent 1555, tout de suite après le retour d'Italie de Brueghel. Genaille, qui rapproche le paysage d'un dessin de 1561 conservé au Louvre, et intitulé *Lever de soleil*, penche pour une datation plus tardive, vers 1562-1563. Grossmann et Vanbeselaer préfèrent en faire une oeuvre de la dernière période de Brueghel.

Il faut toutefois noter que le dessin préparatoire intitulé *Dédale et Icare* est, quant à lui, daté de 1553. Il est contemporain de *L'Enlèvement de Psyché*. Ces deux croquis sont connus par deux gravures qui s'en sont inspirées et portent chacune l'inscription "*Petrus Breugel fec. Romae A.o 1553*"[1].

Du point de vue stylistique, il est correct de dire que les plis absents ou quasiment des vêtements de l'agriculteur, au premier plan des deux versions de *La Chute d'Icare*, rapprochent plus ce personnage des enluminures parisiennes du XVème siècle que de la manière de Brueghel. Celui-ci en effet s'attache toujours à rendre les détails des fronces et ondulations des habits, même lorsque ses personnages sont dans un paysage historié, ou du moins ont des dimensions proportionnellement assez réduites par rapport à l'ensemble de la toile, ce qui est souvent le cas. Cet intérêt marqué de Brueghel pour les vêtements est très net par exemple dans les courbes du drap servant de manteau à Marie dans le *Dénombrement de Bethléem* (1566), qui épousent parfaitement son corps et lui font une chaude couverture.

Comme Marijnissen, nous ne saurions nous prononcer sur l'attribution de la *Vue de Naples*[2].

Par contre, pour ce que nous pouvons en juger sur les reproductions, il nous paraît évident, à l'examen attentif de la couleur de la version de *La Chute d'Icare* de la collection D.M. van Buuren, qu'il s'agit d'une copie. En effet, si la manière offre bien certaines similitudes avec celle de Brueghel, telle que la recherche des dégradés, notamment dans les vêtements et les paysages rocheux en arrière-plan, le ton général, très clair, comme la minutie, souvent laborieuse, des détails peut très bien être l'oeuvre d'un copiste consciencieux, en outre visiblement marqué là encore par la technique de l'enluminure (comme en témoignent les petits nuages blancs qui s'effilochent à gauche du spectateur ou les différences trop évidentes de colorisation entre d'une part le blanc laiteux du visage du berger ainsi que la chair rose et les ailes peintes à la plume près dirons-nous de Dédale et d'autre part l'ombre épaisse de l'eau où s'englue Icare).

Les remaniements subis par la toile des Musées Royaux, révélés par l'analyse de laboratoire de 1969, compliquent beaucoup le travail d'identification. Il semblerait qu'elle fût pour une bonne part repeinte selon les besoins successifs de restauration, sans attention particulière aux détails, et que le gros de ces modifications datât du XIXème siècle[3].

Malgré tout, aussi bien l'agriculteur du premier plan que les personnages du second, les roches, la mer ou le bateau, sont dans la manière de Brueghel. Le dégradé des chaussures de l'agriculteur est typique. De même, les reflets bleu turquoise du ciel et de la mer ne sont pas sans rappeler ceux de ces mêmes éléments, visibles dans la trouée ouverte à gauche entre les rochers, de *La Conversion de saint Paul* (1567), ou bien dans celle, à droite cette fois, des deux versions, toutes deux de 1563, de *La Tour de Babel*.

Il est vrai cependant que le disque blanc du soleil, qui tache tout le fond de la scène, est peu "Brueghelien". Même si ses reflets dans l'eau comme les ombres de l'agriculteur et de son cheval, qui viennent sans conteste équilibrer l'ensemble, laissent supposer que ce lever de soleil est original, du moins dans son principe, il est néanmoins possible, en l'absence de tests de laboratoire permettant d'en décider avec certitude, d'envisager que sa couleur blanchâtre soit le fait d'un ajout.

En ce qui concerne la datation de l'oeuvre, et malgré les rapprochements iconographiques que nous avons fait avec des oeuvres nettement postérieures au séjour de Brueghel à Rome, il paraît raisonnable, là encore en l'absence de tout autre élément positif, de penser qu'il a réalisé *La Chute d'Icare* à peu près contemporainement de son esquisse préparatoire. En effet, aucun élément stylistique concluant ne vient appuyer l'hypothèse que *La Chute d'Icare* ne serait pas de Brueghel. Mais *a contrario* rien ne permet une datation précise, sinon la gravure tirée du dessin de 1553. En outre, les rapprochements iconographiques peuvent être trompeurs. Si dans des oeuvres tardives comme *La Tour de Babel* ou *La conversion de saint Paul* la couleur du ciel et de la mer rappelle bien le bleu de *La Chute d'Icare*, les plans d'eau du *Proverbe du dénicheur* ou de la célèbre *Parabole des aveugles*, toiles toutes deux de 1568, sont franchement grisâtres et n'ont plus rien à voir avec la couleur presque translucide de l'"*Icarium mare*" (ainsi que les Anciens nommaient la partie orientale de la mer Egée où Icare tomba[4]) de *La Chute d'Icare*.

En résumé, nous pensons donc qu'un certain nombre de rapprochements iconographiques simples plaident en faveur de l'authenticité du tableau des Musées Royaux, ce qui est moins évident pour le tableau de la collection D.M. van Buuren. La plupart des critiques s'accordent sur ce point. Bien sûr, l'hypothèse d'un copieur de génie n'est pas à exclure, mais les différences partielles de manière avec l'art de Brueghel dans le tableau des Musées Royaux sont plus vraisemblablement dues à des restaurateurs indélicats. Peut-être l'analyse en laboratoire de l'oeuvre nous en apprendrait-elle plus.

Par contre, tout rapprochement chronologique nous paraît hasardeux en l'état actuel des connaissances sur l'oeuvre. Il est plus vraisemblable de penser que Brueghel n'a pas attendu plusieurs années entre le moment où il réalisa son dessin romain et le tableau définitif, que d'imaginer une évolution de style qui n'est pas aussi évidente que cela dans son art, sa technique, comme celle d'un Jérôme Bosch, ayant été assez homogène durant toute sa vie, et son voyage en Italie ne l'ayant visiblement pas particulièrement marqué, à la différence d'Albrecht Dürer[5] par exemple. L'hypothèse de Glück et du grand Tolnay serait donc la plus juste, comme le prouve, ainsi que nous allons le voir, le caractère savant du thème de *La Chute d'Icare*, du moins tel que Brueghel l'a ici interprété. De fait, s'il faut chercher sinon une véritable évolution du moins une influence de l'Italie sur son oeuvre, c'est moins dans un changement technique que dans le choix de thèmes mythologiques radicalement éloignés des proverbes et fabliaux populaires, si chers aux peintres nordiques comme Brueghel ou son maître spirituel, Bosch.

II - Questions d'iconologie
a) Brueghel et Ovide

Si l'on se reporte à la relation de la chute d'Icare par Ovide (*Mét.*, VIII, 195ss.), on s'aperçoit que la représentation du moment fatal est on ne peut plus fidèle au texte. En effet, Ovide écrit que:

"*Quelque pêcheur, occupé à surprendre les poissons au moyen de son roseau qui tremble, un pasteur appuyé sur son bâton ou un laboureur au manche de sa charrue, qui les* (Dédale et Icare) *vît, resta frapper de stupeur et pensa que ces êtres qui pouvaient voyager dans les airs étaient des dieux*"[6].

Cette évocation d'hypothétiques spectateurs de la scène se retrouve chez Brueghel par la représentation scrupuleuse de chacun d'entre eux. Le texte d'Ovide nous intéresse à un autre niveau. La comparaison entre Dédale, son fils et les dieux fait écho à celle qu'Ovide fait quelque lignes plus haut, lorsqu'il parle de "*ces ailes* (que Dédale ajuste sur les bras de son fils et) *que l'homme ignorait*"[7]. Faut-il voir là une apologie de la prouesse scientifique et technique de Dédale, ou bien plutôt l'explication de la mort d'Icare, due au fait que les deux hommes s'approprient une connaissance illicite, puisque expressément réservée aux dieux? La deuxième supposition est la meilleure si l'on considère que les conseils que Dédale donne à son fils avant de s'envoler sont identiques à ceux que Phoebus donnât à Phaëton (*Mét.*, II, 133ss.), c'est-à-dire de n'aller ni trop au Nord ni trop au Sud, ces directions étant désignées ici par leurs symboles d'après Hygin (*Poet. Astr.*, II, 4 et 34)[8]. Dédale termine ainsi ses recommandations à Icare: "*Et je te recommande de ne pas regarder le Bouvier, ni l'Hélice, ni l'épée nue d'Orion*"[9], le Bouvier comme l'Hélice (qui fait partie de la Grande Ourse), étant une constellation de l'hémisphère boréal, et Orion une constellation de l'hémisphère austral[10].

Identiquement, bien que de manière plus développée, Phoebus conseille son fils avant qu'il ne prenne les rênes du char du Soleil qui s'avérera lui être fatal:

"*Si tu peux du moins obéir à mes recommandations paternelles, n'use pas, mon enfant, de l'aiguillon, et tiens plutôt d'une main ferme les rênes. D'eux-mêmes, ces chevaux accélèrent leur course; la difficulté est de maîtriser leur fougue. Et ne t'avise pas de traverser en droite ligne les cinq régions de la voûte céleste: une route les coupe obliquement, décrivant une large courbe et, sans dépasser les limites des trois zones, évite le pôle austral et l'Ourse associée aux Aquilons. Passe par là. Tu verra les traces nettes de la roue* (du char solaire, qui emprunte chaque matin le même chemin)"[11].

Faut-il supposer que la bourse et l'épée près du laboureur soient une allusion à "*l'épée nue d'Orion*" citée par Ovide, ou bien au proverbe, dont on ne saisirait pas bien ici le sens, "*Epée nue et argent requièrent mains astucieuses*", comme le propose Van Lennep[12]?

Guère plus simple à résoudre se révèle la présence, dans les deux versions du tableau, d'un vieillard sous les arbres, apparemment mort, ce qui pourrait faire référence à un autre proverbe, "*Aucun laboureur ne s'arrête pour la mort d'un homme*"[13].

Quoiqu'il en soit, Icare se noyant est l'illustration parfaite d'Ovide:

"*Le voisinage du soleil dévorant amollit la cire odorante qui retenait les plumes. La cire ayant fondu, l'enfant* (Icare) *n'agite plus que ses bras nus, et, manquant désormais de tout moyen de fendre l'espace, il n'a plus d'appui sur l'air; et sa bouche criait encore le nom de son père, quand l'engloutit l'eau céruléenne; c'est de lui qu'elle a tiré son nom. Quand au père infortuné, qui n'était plus père: "Icare, dit-il, où es-tu? En quel endroit me faut-il te chercher?" "Icare", répétait-il, quand il aperçut les plumes sur l'eau. Il maudit alors son invention, et enferma le corps dans un sépulcre, et cette terre a pris le nom de celui qui y fut enseveli*"[14].

Enfin, la présence de la perdrix, perchée sur des ronces à droite, est une référence directe au personnage de Perdrix d'Ovide (*Mét.*, VIII, 230ss.) [15], qui s'inspire de Sophocle [16]. Inventeur talentueux de la scie et du compas, Perdrix fut en butte à la jalousie de Dédale qui le précipita du haut de la "*citadelle sacrée de Minerve*". Mais "*Pallas, qui favorise le génie, le reçut et fit de lui un oiseau, le couvrant, dans sa chute, de plumes*"[17]. C'est pourquoi, lorsque Dédale ensevelit son fils mort, Perdrix, "*durable remords*" pour Dédale nous dit Ovide, manifeste bruyamment sa joie. Ovide précise que "*le souvenir de son ancienne chute lui* (à Perdrix) *fait redouter les hauteurs*"[18]. Là encore donc, Brueghel, avec ce sentiment du détail naturaliste qu'on retrouvera chez ses fils, mais qui est plus généralement l'apanage des peintres néerlandais de l'ère moderne, illustre fidèlement Ovide. Ce dernier élément renforce l'idée que Dédale, en couvrant son fils d'ailes, désobéit doublement aux dieux, d'abord parce qu'ils n'ont pas créé l'homme avec des ailes et, qu'en conséquence, c'est qu'ils ne voulaient pas qu'il volât, et ensuite parce que, ayant précipité Perdrix, sauvé *in extremis* par Pallas, Dédale s'inspire de l'aide que la déesse apporta au malheureux Perdrix pour se sauver lui et son fils. Il n'a donc ni le respect de la déesse ni le souvenir de son crime.

La comparaison du tableau de Brueghel avec le texte d'Ovide permet deux conjectures.

Premièrement, le fait que le berger regarde en l'air dans la version des Musées Royaux, souvent vanté par la critique comme une manière géniale de rendre son indifférence à la scène, doit plutôt être interprété comme une modification ultérieure du modèle initial. En effet, Ovide dit explicitement qu'"*un pasteur appuyé sur son bâton ou un laboureur au manche de sa charrue, qui... vît*

(Dédale et Icare), (serait resté) *frapper de stupeur et* (aurait) *pens*(é) *que ces êtres qui pouvaient voyager dans les airs étaient des dieux*"[19]. Or si le laboureur est occupé à sa charrue, conformément à Ovide, le berger fixe bien le ciel. Si dans la version des Musées Royaux, le ciel est vide, à l'inverse dans celle de la collection D.M. van Buuren, il regarde Dédale. Il ne fait donc guère de doute que dans la version originale, Brueghel a voulu que le berger regarde en l'air pour contempler ce faux dieu. Le confirme la reprise du thème de *La Chute d'Icare* avec Dédale dans les airs pendant qu'à l'arrière-plan tombe son fils, c'est donc à dire selon l'exact modèle du tableau de la collection D.M. Bureen, par Otto Van Veen (1608, fig. 2), Jean Baudoin[20] (1638-1639), et par C. Saraneci[21] (qui n'a d'ailleurs pas compris le sens de la double présence du laboureur et du pêcheur, sur laquelle nous reviendrons, réduisant l'ensemble à une scène de genre où discutent deux pêcheurs pendant que sur l'autre rive une femme leur fait signe). Ceci est d'autant plus évident que, si l'on accepte cette hypothèse, le tableau de Brueghel apparaît comme une sorte de pendant au thème de *La Chute des Anges rebelles* traitée dans son très célèbre tableau éponyme (1562). D'ailleurs, en désobéissant aux préceptes divins (en tuant Perdrix et en donnant des ailes à son fils), Dédale ne respecte pas la juste mesure, symbolisée par le compas, aussi bien chez Sébastien Brant[22] (1494) que chez Van Ven[23], chez ce dernier directement à propos du mythe de Dédale et d'Icare, représenté comme nous venons de le dire selon le même modèle que dans la version de la collection D.M. Bureen du tableau de Brueghel.

Deuxièmement, si l'on considère la correspondance voulue par Ovide entre les préceptes que Phoebus prodigue à Phaëton et ceux de Dédale à Icare, le soleil blanc qui occupe tout l'horizon ne peut être qu'interprété comme le soleil levant (ce qu'atteste sa coloration blanche et non rouge, ce qui signifierait qu'il se couche). Il apparaît dès lors comme l'expression évidente du lien que, dans l'esprit de Brueghel, comme dans celui d'Ovide, mais aussi dans ceux des auteurs des livres d'emblèmes de la période baroque, la chute d'Icare entretient avec celle de Phaëton (nous y reviendrons).

b) Brueghel et Sébastien Brant

Comme on le sait, la fameuse *Narrenschiff* de Brant parut pour la première fois à Bâle en Février 1494. Or un certain nombre de points communs entre les planches de cet ouvrage et les motifs de *La Chute d'Icare* de Brueghel retiennent l'attention, et permettent de penser que la fidélité de Brueghel au texte d'Ovide relève moins d'une volonté d'illustrer de manière plus ou moins anecdotique *Les Métamorphoses* que d'une véritable symbolique morale.

Nous nous baserons sur l'étude comparative de *La Chute d'Icare* avec les chapitres 8, 28, 36, 45, 47, 56, 75, 84 et 91 de *La Nef des Fous*.

Au chapitre 45 "*De provoquer la malchance*"[24], faisant référence à Empédocle d'Agrigente qui, selon Horace (*Art poétique*, 458-469), se jeta dans l'Etna, Brant critique les fous qui "*implorant à tue-tête/ que Dieu leur vienne en aide/ pour sortir de leur peau,/ tout comme un papillon/ qui sort de son cocon./... à force de crier,/ ne sa*(vent) *plus ce qu'il*(s)" font, et se jettent dans un puit ou dans l'Etna, leur voisin leur disant, plein de bon sens, qu'ils n'ont que ce qu'ils ont mérité. La morale de ceci est que:

"*C'est ainsi que certains raccourcissent leur vie,/ sous prétexte que Dieu/ ne peut les exaucer/ puisqu'il n'accorde pas la grâce demandée/ qu'il* (le fou) *lui plairait d'avoir./ Lorsque l'insensé prie,/ ses espérances vaines/ veulent saisir une ombre/ ou poursuivre le vent./... Si quelqu'un accumule/ à plaisir les soucis,/ qu'il en paie le prix*"[25].

La même dialectique se trouve antérieurement au chapitre 36 "*De l'outrecuidance des esprits forts*"[26], à propos de "*Celui qui veut voler/ seul de ses propres ailes,/ dénichant les oiseaux,/* (et pour cela) *sera souvent par terre*". L'explication de cet emblème est encore plus net, puisque Brant écrit que:

"*Ceux qui ne tiennent compte/ des avertissements,/ se fiant à leur science,/ se jettent dans l'hérésie impie/ pour obtenir la gloire/ en se faisant valoir*"[27].

Cette critique de la raison au profit du sentiment, qui se retrouve de Thomas de Kempis à Blaise Pascal, est typique du judéo-christianisme. Nous ne voulons pas prétendre que Brueghel s'inspirât forcément directement de Brant, mais que pour le moins le souvenir de son oeuvre maîtresse laissa un souvenir suffisamment vivace à la fois dans la mémoire du temps et, par contrecoup, dans l'esprit de Brueghel pour que celui-ci, plus ou moins consciemment, identifie Icare à cet imprudent qui veut voler de ses propres ailes, se pensant plus savant que la Sagesse divine, et en éprouve pour cela durement les conséquences.

La présence de la perdrix dans le tableau de Brueghel prend alors un sens beaucoup moins anecdotique et plus directement symbolique. Il représenterait les oiseaux[28] (ou, en d'autres termes, les fantasmes) que le fou essaie de tirer du nid, quitte à y laisser sa propre vie. Très nettement le chapitre 36 identifie ce fou à l'hérétique (en renforçant cette assimilation par une tournure pléonastique).

Le chapitre 28 "*De murmurer contre Dieu*"[29] reprend cette idée du fou qui, mécontent du fait que Dieu n'agisse pas comme il le voudrait, attise "*un feu/ pour renforcer la flamme/ des rayons du soleil/ ou... allume... des torches/ pour venir au secours/ de l'éclat du soleil*", autrement dit pour faire que Dieu agisse autrement qu'il ne le fait, ce qui, selon Brant, provoque "*bien plus/* (de) *pleur*(s) *qu*(e de) *rire*(s)"[30]. C'est ainsi qu'en tirant follement, les hommes atteignent souvent non pas leur cible mais la nef même qui est leur lieu de vie commun, comme l'explique Brant au chapitre 75 "*Des mauvais tireurs*"[31]).

On voit donc la perfection de logique interne de l'ouvrage de Brant. Sa démonstration vise toutes les formes d'impiété, mais en les orientant systématiquement vers la stigmatisation de l'éloignement qu'elles provoquent des visées divines.

Plus symptomatiques pour nous sont les chapitres 8 "*De ne pas suivre les bons conseils*"[32], 47 "*Du chemin de la félicité*"[33] et 84

"*De persévérer dans le bien*"[34]. Les trois utilisent le symbole de la charrue, qui, on l'a vu, est au premier plan de *La Chute d'Icare* de Brueghel. La gravure des chapitres 8 et 84 est la même. Elle montre deux fous autour d'une charrue, dont un tient un oiseau au poing, identifié dans le chapitre 8 à un coucou et dans le chapitre 84 à un serin. Dans les deux cas, il symbolise la bêtise de l'homme[35].

Le chapitre 8 fait de la charrue le symbole de l'homme qui, se croyant plus sage que Dieu et que quiconque en général, coure à sa perte. Par contre, les chapitres 47 et 84 en font tous deux pareillement le symbole de l'attachement des hommes (mêmes ceux qui font tout pour être honnêtes et respecter la loi divine, et auxquels s'intéresse tout particulièrement le chapitre 84) aux biens terrestres.

Donc dans un cas, l'image de la charrue sert à développer le thème de l'infidélité, tel que Brant le fait dans les chapitres 28, 36, 45 et 75. Dans le second, c'est la convoitise qui est mise en cause. Or dans la définition de Cassien, dont se souviendra toute la mystique chrétienne (comme les oeuvres de Jérôme Bosch, notamment *Les Sept Péchés Capitaux* de 1475-1480, le montrent parfaitement), elle donne naissance à tous les péchés, la Gourmandise d'abord, de laquelle naissent la convoitise du corps (la Luxure) et la convoitise de l'argent (l'Avarice). De l'Avarice naît l'Envie, et donc la Colère, d'où naît le désintérêt, voire même le dégoût, pour l'ascèse et les travaux d'élévation de l'âme, autrement dit l'Acédie (ou Paresse). De ce désintérêt reprennent à nouveau corps, en un cycle sans fin, la

Gourmandise et la Luxure, desquelles naissent à nouveau les autres péchés. C'est pourquoi Cassien, comme Basile de Césarée, saint Jean Chrysostome, saint François d'Assise ou Brant, prônent l'attention constante à ne pas se laisser tenter par la convoitise ou la Paresse, et donc l'ascèse la plus stricte et la plus permanente[36].

Le chapitre 47 identifie indifféremment les biens que les hommes désirent sans cesse à la charrue et à la voiture. Le chapitre 91 "*Des bavards dans les stalles du choeur*"[37] reprend, alors qu'on ne s'y attendrait pas à cet endroit, l'association entre l'Avarice et la vantardise (déjà évoquée, sous une autre forme, dans les chapitres traitant de l'Orgueil de ceux qui refusent de suivre le droit chemin en pensant tout savoir). Cette fois, ce sont les voitures et le bateau (la nef, récurrente dans l'oeuvre) qui symbolisent à la fois l'Avarice (citée explicitement) et la vantardise de ceux qui possèdent (ou croient posséder) des biens. Il est donc significatif que le chapitre suivant traite de "*La fatuité de l'orgueil*"[38] et que la gravure qui l'accompagne représente une *Femme au miroir*, image traditionnelle à la fin du Moyen Age et à la Renaissance de l'orgueil et de l'amour de soi. Dans le même ordre d'idée, il est tout aussi significatif que les chapitres suivants (93 à 112, dernier chapitre de l'ouvrage) se focalisent sur la stigmatisation de l'Avarice, de l'Envie et de la Paresse, selon une dialectique parfaitement identique à celle, déjà décrite, de Cassien, ce qui, conclut Brant, aboutit au mensonge qui "*dénigre le bien*" (chapitre 110), et par conséquent à la venue de "*L'Antéchrist*" (chapitre 103), c'est-à-dire donc à la perte de l'humanité éloignée de Dieu et irrémédiablement vouée au péché (par sa *culpa* originelle apparemment). En effet, l'auteur est lui-même un fou (chapitre 111 "*Plaidoyer de l'auteur*") et l'humanité s'entête inconsciemment à préférer s'amuser et continuer le Carnaval plutôt que de se repentir de tous ses péchés, même pendant le saint Carême (chapitre 110b "*Du Carnaval*").

c) Brueghel et les livres d'emblèmes de l'ère baroque

L'étude de Brant nous a permis de donner une orientation générale au tableau de Brueghel. Cependant, son sens précis nous échappe encore. S'agit-il d'opposer Dédale l'assassin à son fils l'impie, ou ces deux-ci au laboureur, lui-même paradigme de l'attachement aux biens terrestres, mais alors que représenteraient Dédale et son fils, qui cherchent à s'élever pour se sauver (donc, peut-on supposer, dans une interprétation typologique chrétienne, pour accéder symboliquement à Dieu)? Nous ne pouvons encore en décider clairement. C'est donc vers les livres d'emblèmes, somme iconographique indispensable à l'exégèse de l'art moderne comme l'ont montré les auteurs de l'illustre Ecole de Warburg, qu'il faut nous tourner.

Ceci pose d'emblée un problème chronologique. Peut-on considérer que des ouvrages postérieurs à une oeuvre sont susceptibles d'en permettre une interprétation objective? La réponse nous paraît devoir être oui, et ce à deux titres. D'abord parce que l'objectif avoué des recueils d'emblèmes de l'ère moderne est d'être une base d'interprétation des thèmes picturaux dont le symbolisme peut être aussi bien issu de la mythologie antique que de la théologie chrétienne. Ensuite parce que les livres d'emblèmes, comme toute production intellectuelle, relèvent naturellement des catégories de pensée de leur époque, et ne font qu'en mettre en évidence les représentations collectives, que l'auteur en soit conscient ou non. Or nous postulons que l'histoire de la pensée humaine ne connaît pas de solution de continuité (les travaux d'Erwin Panofsky et Fritz Saxl sur la persistance de la mythologie classique dans l'art médiéval en sont une preuve flagrante), en tous les cas pas suffisamment brusque pour que des ouvrages datant des XVIème-XVIIIème siècles s'inscrivent profondément dans un autre système de pensée que celui d'une oeuvre qui leur est à peine antérieure, bien au contraire.

En outre, nous allons par exemple nous intéresser au recueil d'Andrea Alciati (1531), qui, quelque soit la datation proposée pour le tableau de Brueghel, lui est antérieur de plusieurs années.

Ceci posé, il nous semble possible d'entrer dans l'analyse du lien existant entre les livres d'emblèmes et *La Chute d'Icare* de Brueghel.

Nous avons déjà noté la liaison implicite entre les mythes de Phaëton et d'Icare. Ainsi comme nous l'avons dit, chez Ovide Dédale donne-t-il, avant l'envol, exactement les mêmes conseils à Icare que ceux que Phoebus a donnés à Phaëton[39]. L'issue des deux aventures est sensiblement identique, les deux fils mourant dans leur chute respective.

Alciati[40] fait de la chute de Phaëton le symbole de la roue de Fortune (dont on sait qu'elle correspond explicitement dans la mentalité moderne à celle de la Justice divine[41] - ce qui implique qu'en touchant toutes les catégories sociales, elle punit l'ensemble de l'humanité pour une *culpa* collective, à l'image de la Némésis antique[42] -), qui broie aussi bien les puissants que les pauvres. L'inconscience des rois, représentée par Phaëton, se retrouve ensuite plus généralement imputée aux "*Astrologues iudiciaires*", stigmatisés aux travers des mythes de Prométhée et d'Icare[43].

On retrouve chez Gabriel Rollenhagen (1611) l'identification entre la chute de Phaëton et la roue de Fortune, qui frappe les puissants (symbolisés par les couronnes, sceptres et attributs ecclésiastiques aussi bien que princiers)[44].

Chez Albert Flamen (1653), la chute de Phaëton devient plus globalement cette fois le symbole de la désobéissance des hommes aux préceptes divins[45]. De même dans son commentaire de la *Divine Comédie* (vers 1307-1321) de Dante, C. Landino (1508) fait d'Icare et de Phaëton les symboles de tous les présomptueux et, plus précisément encore, la chute de Phaëton s'identifie pour Gaguin à celui de Sodome[46].

Cette désobéissance, illustrée au travers du mythe de Typhon chez Baudoin, est l'amour de soi-même, autrement dit l'oubli de Dieu, comme, toujours selon Baudoin, le prouvent la légende de

Narcisse aussi bien que celle d'Icare [47]. Ceci est de première importance, dans la mesure où l'on a vu que les derniers chapitres de *La Nef des Fous* identifiaient déjà toutes les formes de désobéissance aux principes divins (qui en fait se résumaient, ainsi que nous l'avons aussi vu, à la convoitise et aux paresse et médisance subséquentes) à l'amour de soi (chapitre 92).

Bien qu'il s'inspirât directement d'Ovide[48], Brueghel est donc dans sa représentation de *La chute d'Icare* le plus symptomatique de tous, lorsqu'il représente, à côté d'Icare chutant, un agriculteur, un berger et un pêcheur.

En effet, la présence de ces trois personnages s'explique, notamment celle de l'agriculteur, si on rapporte leur symbolique à celle du mythe d'Icare dans les livres d'emblèmes précités, comme une métaphore de l'état de l'humanité. Selon la *Genèse*, celle-an serait devenue mortelle et aurait de plus été réduite au travail (traditionnellement représenté par les travaux des champs, auxquels nos premiers ancêtres se seraient tout de suite consacrés une fois chassés du paradis terrestre), après le péché originel, cause de la chute (elle-même donc allégorisée ici, par typologie, au travers de la légende de Dédale et d'Icare).

Ainsi que nous l'avons évoqué, on retrouve une représentation identique à celle de Brueghel chez Van Veen[49], ce qui confirme son caractère symbolique, comme emblème de la tempérance[50] (ou, si l'on préfère, de la juste mesure ou de l'ascèse, thème comme on le sait particulièrement cher à la mystique chrétienne[51], et auquel Brant oppose les péchés et les excès des hommes).

Van Veen s'inspire visiblement de Brueghel. Il montre Dédale, parfait jumeau de celui de la version de la collection D.M. Bureen, volant pendant que choit Icare dans le soleil qui est à son zénith, ce qui confirme notre interprétation du soleil de *La Chute d'Icare* de Brueghel comme étant levant, et non couchant ainsi que le proposent certains critiques. Cependant, ce qui est très intéressant c'est que Van Veen abandonne la représentation du berger (ce qui confirme encore par contrecoup qu'en référence à Ovide, il sert essentiellement chez Brueghel à attirer l'oeil du spectateur sur la présence quasiment divine de Dédale), tout en conservant les représentations du navire (sans le pêcheur) et du laboureur.

d) Brueghel et l'origine antique des thèmes littéraires du Moyen Age et de la Renaissance: un discours sur la Fortune qui punit l'infidélité des hommes

En réalité, si l'on rapproche la présence, récurrente dans ces oeuvres, du navire et du laboureur, du fait que les livres d'emblèmes identifient explicitement la chute d'Icare à la roue de la Fortune, il devient clair que leur rôle est justement de symboliser dans les deux cas la Fortune elle-même, en tant que divinité de la prospérité humaine, maîtresse des ondes et de la terre[52].

Déjà dans l'Antiquité à Antium, la Fortune était vénérée en tant que déesse de la mer[53] et dans son *Ode I, 35*, Horace fait de la Fortune une divinité universelle, maîtresse des ondes et de la terre, que prient à la fois "*le pauvre paysan*" et "*l'aventureux marin*" ("*te pauper ambit sollicita prece/ ruris colonus, te dominam aequoris/ quicumque Bithyna lacessit/ Carpathium pelagus carina*")[54]. Pour Cicéron (*Marcell.*, 7), la Fortune est "*rerum humanarum domina*"[55]. Elle s'identifie alors à Isis[56], "*Déesse de la fertilité des champs*"[57], "*Dame de la mer*"[58], "*Celle qui accorde la Vie*"[59].

Ce double domaine de compétence de la déesse Fortune ou Nature est une donnée permanente depuis l'Antiquité au moins jusqu'à la période moderne, comme le confirment les texte de Lucrèce[60] et de Jodelle[61].

Selon cette grille d'interprétation, la présence de la bourse et de l'épée au premier plan, près du laboureur, s'explique, non pas en référence au proverbe "*Epée nue et argent requièrent mains astucieuses*", comme le pense, d'ailleurs fort astucieusement, Van Lennep[62], mais plus directement à l'emblématique de l'époque moderne. Ainsi non seulement, nous l'avons dit, Alciati identifie la chute d'Icare à la roue de Fortune, mais Rollenhagen[63] associe à l'image de cette chute, celles du navire et du berger, et encore et surtout les symboles des pouvoirs temporel (épées et couronne) et spirituel (mitres épiscopale et papale, globe et crosse).

Les premiers Emblèmes (II à IV) de *Choice Emblems*

(1732)[64] de Nathaniel Crouch[65] offrent une confirmation de ce lien.

Dans le deuxième, "*Quo me vertam nefcio*"[66], dont le titre reprend la phrase attribuée à Saint Augustin:

"*'Positus in medio quo me vertam nescio; hic pascor a vulnere hic lactor ab ubere'* (placed in the middle, I don't know where to turn; here I will be nurtured by the wound and there I will drink from the breast)"[67]

Et que l'on retrouve encore dans la politique française du siècle de Louis XIV dans le sens ironique (ou, en tous cas, inversé) qu'il semble prendre ici[68], les figures dialectisent la traditionnelle représentation d'Hercule (nommé explicitement dans l'Emblème XXII de George Wither (1635), qui reproduit tel quel le 14 de Rollenhagen:

"*Emblem. 14.
Quo me vertam nefcio.*

*Vertu & Volupté retiennent en balance
Nostre esprit vacillant en contraire efperance,
La vertu nous excite au trauail & labeur,
Pour en apresiouyr d'un Immortel honneur;
Et le plaifir trompeur, aux délices mondainnes,
Cachát foubs fon faux mafq₃, un millió de peinnes.
Mais toy comme Alcide, tasche tout genereux,
D'acquerir par vertu ta place dans les cieux.*",

Sous l'égide du concept: "*ΠΟΤΕΡΟΝ*" ou "*Lequel des deux*"[69]).

Hieronymus Wierix reprend la phrase "*Quo me vertam nefcio*" dans le livre devant le Saint de l'un des deux portraits qu'il donne, d'après Philip Galle, de Saint Augustin[70], où il met le Saint entre Jésus et Marie[71], alors que dans l'autre portrait, il réfère, au second plan, à l'épisode de l'enfant au bord de la plage[72].

Dans l'iconographie traditionnelle[73], reprise de la narration du sophiste Prodicos de Céos (84 B 2 Diels-Kranz, II 313f.) paraphrasé par Xénophon (*Memorabilia* 2.1.21-34)[74], le jeune Hercule doit choisir son chemin entre deux jeunes femmes, "*Arete*" ou Vertu et "*Kakia*" ou Vice, la première vêtue honorablement, la seconde laissant plus que deviner ses charmes[75]. Si ici le personnage de droite conserve, associé à des attributs démoniaques (cornes et ailes de chauve-souris) les caractéristiques féminines, concrètement des seins tombants de la Luxure, le personnage de gauche devient masculin, avec un habit à capuche de type monastique et la longue barbe des ascètes, et porte un livre et un caducée. Le personnage central, nu, indique le Ciel, geste traditionnellement de la Vertu (féminine et à gauche) dans ce trinôme.

La dérivation entre *Le Choix d'Hercule* et *Le Jugement de Pâris* s'exprime par la représentation, parfois (comme chez Paolo de Matteis, 1712[76]), de la Vertu, selon l'identité propre de l'époque (qu'on trouve, notamment, dans le *Studiolo* d'Isabelle d'Este) entre Minerve et la Vertu[77], Aphrodite assumant alors son rôle classique de déesse de la Volupté. La seule fois, à notre connaissance, où Hercule apparaît sous des traits plutôt vieux, non plus au milieu, mais à gauche du groupe, est dans la tardive version du XIXème siècle d'Emmanuel Michel Benner[78]. Le luth, peut-être allusion à la mort de Linos, son neveu et maître de lyre[79], juste avant sa rencontre avec Volupté et Vertu[80], mais il est surtout, repris de l'Emblème IX du Livre III de Quarles, symbole du bruit de l'Enfer[81]. On le retrouve comme symbole des Plaisirs dans la version d'Annibale Carracci (1596)[82], à côté des masques, donc fidèlement au groupe de Rollenhagen; Carracci présentant, en outre, du côté de la Vertu montrant du doigt le Ciel, un personnage dans l'ombre tenant un grand livre ouvert, au premier plan.

Ces variantes nous induisent à considérer une certaine distorsion dans le groupe de l'Emblème cité (Rollenhagen-Wither-Crouch), le personnage assis, livre et caducée entre les genoux, préfigurant pour nous l'homme cultivé de l'Emblème III de Crouch (1 de Rollenhagen et Wither), à la manière de la "*Première Partie*" du *Discours de la Méthode*, 1637, de René Descartes, alors qu'Hercule, reproduisant le geste généralement de la Vertu, désignant du doigt le Ciel, se trouve entre, d'un côté, le chardon (du côté de la Vertu) du repentir et la mortification[83] (le chardon *Centaurea iberica*, en hébreu "*dardar*", étant le symbole de la malédiction divine suite au Péché originel dans *Genèse*, 3, 17-18, et dans *Matthieu*, 7, 15-16[84]), et, de l'autre, le crâne du Péché (du côté droit, pour le spectateur, c'est-à-dire du Vice, on le supposera, en conséquence, être celui d'Adam, et plus généralement, par extension, de la Mort comme conséquence du Péché des Protoplastes, posé sur les tibias en croix, donc *Memento Mori*), et le démon, avec son luth, et le masque de la tromperie:

"*Serve me, faid VICE, and thou fhalt foon acquire*
All thofe Atchievements which my Service brings.
Serve we, faid VERTUE, and I'll raife thee higher.

Than VICES can, and teach thee better things.
Whilſt thus they ſtrove to gain me, I eſpy'd
Grim Death attending VICES and that her Face
Was but a painted Vizard, which did hide
The foul'ſt Deformity that ever was."[85]

 La version, très intéressante, du *Choix d'Hercule* par Gérard de Lairesse (deuxième moitié du XVIIème siècle)[86], confirmant indirectement nos analyses de l'*Allégorie des Vices* d'Andrea Mantegna, dans l'Ouvrage que nous y consacrons, montre le Vice (ou la Volupté) la main sous le menton d'Hercule (dans un geste très similaire à celui de la figure féminine sous le sien propre chez Mantegna) l'espace, symbolique, de la pomme d'Adam, transformant l'oeuvre en un *Memento Mori*, en tant que rappel du Péché, renforcé par la vieille le doigt sur la bouche, derrière le Vice, et le bras seulement à demi levé de la Vertu qui provoque que son propre doigt levé vers le Ciel touche son menton, au même endroit que la main du Vice sur le cou d'Hercule.

 Cette version inverse celle de Giovanni Baglione (1640-1642)[87], dans laquelle c'est Hercule qui approche sa main de la tête panachée de Minerve, semblant indiquer, par ce geste et le mouvement général de son corps, son choix au Vice. Alors que dans la version de Pompeo Batoni (1748)[88], variation sur le modèle de celle de Nicolas Poussin (c.1636-1637)[89], où c'est le *putto* accompagnant Vénus qui offre à Hercule un bouquet de roses, Vénus/Volupté a le corps mollement posé sur les genoux d'Hercule assis, et présente une rose face à une Minerve indiquant autoritairement le droit chemin de son bras levé, alors que deux *putti*, reprenant le modèle du thème de *Mars au repos*[90], jouent avec la peau de lion abandonnée au sol par le héros au regard vide.

La version intitulée *Allégorie de l'Éducation de Philippe III* (c.1590) de Justus Tiel, où le prince se substitue à Hercule, et où Chronos répelle un cupidon aveugle, symbole des appétits bestiaux et irrationnels, Vertu porte les attributs des Vertus Cardinales, la balance de Justice, le frein de Tempérance, l'épée Fortitude, et, pour notre *corpus*, le caducée de la Prudence[91].

L'Emblème III " *Vivitur ingenio, caetera mortis erunt*" ("*On vit par l'esprit; le reste appartient à la mort!*"[92]), qui reprend la phrase déjà présente dans le *De humani corporis fabrica* (1543) d'Andreas Vesalius[93], d'après Virgile (*Elegiae in Maecenatem*, 1, 38)[94], Emblème à l'identique du premier du *Nucleus* de Gabriel Rollenhagen[95], traduit par George Whiter (1635[96], les emblèmes ici référencés sont de "*The Firft Booke*"), emblème dont le *motto*, explicitement, chez Rollenhagen:

"*Embleme I.*
Viuitur ingenio, caetera mortis erunt.

Tout ce qui eft çabas, eft dópté par la mort,
Les fceptres, les honneurs ployent foubs fon effort:
Mais la feule vertu par la fcience acquife,
Rompt a la mort fes traicts, & fon arc elle brife."

Renvoie à l'Emblème 12 "*ΠΑΝΤΑ ΛΕΛΟΙΠΑ*":

"*Emblem. 12.*
Πάντα λέλοιπα

Bien heureux eft celuy qui mourat quádaumóde,

*Delaiffe genereux fa grandeur vagabonde,
Et d'elle faict efchange aux celeftes plaifirs,
Qu'en contéplant il cueille auec fes faincts defirs."*

Alors qu'on retrouve bien, dans l'Emblème III de Crouch, et 1 de Rollenhagen et Wither l'homme cultivé face à la Mort, reprenant ainsi la dualité de l'Emblème II chez Crouch, l'Emblème IV de Crouch, correspondant au 12 de Rollenhagen et Wither, montre très clairement l'Icare nu, tombant du ciel, au-dessus des symboles du pouvoir temporel, les couvres-chefs religieux et royaux, le globe terrestre, le sceptre, et les épées, en écho à l'exacte même configuration dans *La chute d'Icare* (c.1558) de Pieter Brueghel l'Ancien[97].

En cela, l'Emblème 48 de Rollenhagen, qui représente le crâne avec les os croisés, renvoie, à son tour, en en unifiant le thème, et en éclairant encore le symbolisme du même motif dans l'Emblème II de Crouch, à ce même groupe:

"*Emblème 48.
Mors fceptra ligonibus aequat.*

*Le fceptre & le boyau font en leur fin femblables,
Payants égal tribut aux Parques redoutables,
Car qui pourra dire, que ce crane hideux,
Ait esté d'un paifan, ou d'un Roy genereux?"*

Complètent le groupe, chez Rollenhagen, les Emblèmes 84, avec son oiseau en cage au-dessus duquel plane un aigle prêt à en faire sa proie:

"*Emblem. 84.*

Deterius formido.

"*Helas! Ce n'eſt pas aſſes, que ceſte pauure uie,*
Soit à tant de malheurs ſans repos aſſeruie:
Mais pour cóbler nos maux, une rongeante peur
D'un plus grand deſaſtre nous martele le coeur."

Et 86, qui reprend, mais ici mis dans le feu, les symboles du pouvoir humain de l'Emblème 12:

"*Emblem. 86.*
Sic tranſit Gloria mundi.

Il n'eſt rien icylas d'eternelle duree,
La gloire du monde ſemblable a la fumee,
Plus elle ua braue, ſes cornes eſleuant,
Plus elle s'eſuanouit, & deuient à neant."

On relèvera que Jean-Adam Seupel produit un Emblème "*Vivitur. Ingenio; Caetera. Mortis. Erunt*" (1677)[98] représentant un polyèdre, dont, ainsi, le motif principal et unique reprend celui de l'Emblème XX "*Quocunque ferar*" (dont le titre reprend celui des *Devises heroïques,* 1557, de Claude Paradin[99]) de "*The fourth Booke*" de Whiter, sur la forme de la stabilité à partir de la loi divine (par opposition, implicite, à l'instabilité de la Fortune humaine[100] et de ses appétits[101]):

"*Although by Nature, wee are wondrous hard,*
Lord, let us into ſuch like Stones be ſquar'd:
Then, place us in thy ſpirituall Temple, ſo,
That, into one firme Structure, we may grow;
And, when we, by thy Grace, are fitted thus,
Dwell Thou thy ſelfe, for evermore, in us."[102]

On retrouve le squelette en position mélancolique de Vesalius, associé à un mécanisme, référence au génie humain, à l'intérieur de la colonne sur laquelle repose le bras dudit squelette, et aux symboles du pouvoir, inclu ici le casque du chevalier (emblème du pouvoir acquis par les armes, qui associe en lui les valeurs des épées et de la couronne chez Rollenhagen, en tant que le heaume symbolise à la fois le pouvoir militaire, donc, mais aussi nobiliaire), dans un ivoire du XVIIème siècle[103], assez similaire à celui réalisé par Christof Angermair (1632), lequel, cependant, se tient, pelle en main, à côté de la colonne à mécanisme[104].

Dans l'Emblème allemand de la *Méditation sur la Mort* (c.1600-1625)[105], une religieuse tient un écusson où est inscrit: "*dulcia linquebant lamentis lumina vitae*"[106], ce qui est un extrait de Lucrère (*De Rerum Natura*, Lib. V, 987[107]), qui, repris dans un autre contexte que l'original (Lucrèce parle de la terreur des premiers hommes face aux fauves les chassant de leurs gîtes nocturnes et les obligeant à en chercher d'autres), fait allusion à la perte des biens terrestres, comme en attestent les symboles du pouvoir temporels qui gisent à ses pieds: le casque et l'épée. Lesquels s'opposent au feu divin, soutenu par cette figure, d'autant plus hautement emblématique qu'il s'agit d'une nonne, symbole donc, dans le contexte de cette époque où, des stigmatisées mantouanes à Sainte Thérèse, la figure monastique féminine vint à symboliser la Foi par antonomase, nonne, disions-nous, dont la partie du corps physique (les instincts) est un squelette (symbole de son ascétisme, et de sa mort au monde), alors que le visage d'hésychaste est souriant, et le bras, au bouclier rappelant, dans le cadre de l'époque toujours, notamment mantouan, de nouveau, les attributs traditionnels de la paradigmatique déesse de la Vertu guerrière, morale et spirituelle (à laquelle s'identifient volontiers les monarques féminines régnant, dans les oeuvres qu'elle commanditent), Minerve, tendu victorieux.

Les *Vers de la Mort* parlent aussi des "*corps du Pape enterré avec sa grande chappe rouge et du Roi "couronné en ceptre"* (qui) *n'échappent pas à la loi terrible*" (de Dieu, représentée par la Mort)[108]. C'est l'Avarice qui, en référence à Boèce (pour qui les possessions terrestres - le "*bien*" - sont symbolisées par les richesses de la mer et du "*champ fertile*"), sera mise en cause sous la forme d'une bourse dans le *Dict des Trois Morts et des Trois Vifs*[109].

Ce blâme adressé en premier, au travers des attributs de l'épée et de la bourse, aux riches et aux puissants se retrouve dans le chapitre 56 "*De la fin des empires*" de *La Nef des Fous*[110], où Brant associe la roue d'Ixion et le rocher de Sisyphe à "*la fortune et la gloire*" que la roue de Fortune fait "*fondre/ comme neige au soleil*" sous la main de Dieu. L'illustration montre justement la main de Dieu en train d'actionner la roue de Fortune, pendant que le texte nous met on ne peut plus explicitement en garde: "*Prenez donc garde, ô rois/ et puissants de ce monde,/ que la chance ne tourne/ et ne vous jette à terre!/ Armez-vous de sagesse/ et songez à la fin/ pour que Dieu vous épargne,/ car il est notre Maître/ et fait tourner la roue!*"[111].

François Villon offre déjà d'autres exemples de glorieux personnages que la Fortune fit choir, soit au sens littéral, comme le roi mède Arphaxad, dont parle aussi Brant dans son chapitre 56, soit au sens figuré, comme César, Jason, Olofernes, etc.[112]

Or dans la mentalité de la fin du Moyen Age et de la Renaissance, l'association entre la Mort et la Fortune est fréquente, notamment dans l'iconographie très connue de la *Danse des Morts*, dans laquelle toutes les classes sociales sont touchées sans distinction de rang, de classe ou d'âge[113]. C'est pourquoi la Mort, main de la Justice divine au même titre que la Fortune, est dite s'attaquer aux puissants[114], et que toutes deux stigmatisent l'Avarice, la gloire et l'Orgueil[115].

Traitant de la Mort, Meschinot fait une mise en garde identique à celle de Brant au chapitre 56, à propos de la roue de Fortune, à savoir, parlant aux "*Princes qui tenez haultz lieux/ Comme dieux,/... Ayez Dieu devant vos yeulx*"[116].

Nous avons vu qu'Alciati et Rollenhagen mettaient en premier lieu en garde les princes contre les effets de la roue de Fortune, et par conséquent contre la Vaine Gloire et l'Orgueil, mais que cela n'était qu'une manière de stigmatiser les plus susceptibles de succomber à l'infidélité, que sont les puissants. En effet, l'ouvrage de Flamen comme les *Danses Macabres* et les textes qui s'en inspirent le prouvent, en élargissant à toute l'humanité cette mise en garde, tout en conservant pourtant un intérêt particulier aux puissants (qui sont les premiers à être escortés par la Mort dans les *Danses Macabres*[117]).

e) Brueghel, le thème génésiaque associé à Icare et Phaëton dans la mythologie classique et ses métamorphoses à la période moderne

Parmi les humains touchés par cette Némésis, ce "*mortel accident*", que sont la Fortune et la Mort, toutes deux envoyées par Dieu pour nous punir[118], on trouve des personnages historiques, mythologiques ou bibliques récurrents comme, dans le désordre, Hercule, le fils de Tobie[119], César, Job, Olofernes, etc.[120] On les a déjà rencontrés chez Brant. Plus symptomatique, on trouve Adam et Noé, ce dernier étant également cité par Brant car les hommes ne l'ayant pas écouté, il symbolise leur impiété, autrement dit leur éloignement de Dieu et leur permanente inobservation de sa volonté[121]. A l'inverse, Adam et Noé étant cités comme un groupe par Eustache Deschamps, on peut supposer que Adam symbolise, en tant que pendant de Noé, cette inobservation, de laquelle il s'est lui-même rendu coupable, alors que Noé ne fait au contraire que la stigmatiser. Tous deux sont des personnages génésiaques, non seulement parce que leur vie est racontée dans la *Genèse*, mais aussi et surtout parce que l'un comme l'autre sont à l'origine d'un peuplement humain de la terre[122].

Identiquement, Villon, dans une mise en garde aux "*Princes*" de *La Ballade des Dames du temps jadis*, semblable à celles d'Alciati, de Flamen, de Rollenhagen ou des *Danses Macabres*, fait explicitement référence, comme on le sait, à l'Age d'Or. Dans le même poème, il nous semble trouver une autre résurgence du thème génésiaque dans l'évocation de "*l'inutile pomme d'or*", que Clément Marot interprétera à juste titre comme le symbole du pouvoir impérial[123].

Il n'est donc pas défendu de penser que si certains auteurs choisissent de critiquer en premier les monarques et les ecclésiastiques (c'est-à-dire le pouvoir temporel et le pouvoir spirituel)[124], alors que d'autres s'attachent plutôt à mettre en place une allégorie de la condition humaine en général, au travers d'un syncrétisme plus ou moins abouti entre les figures de Prométhée, d'Icare et de Phaëton, les deux options reviennent au même, et qu'on en trouve une preuve dans la *Ballade des Dames du temps jadis*, poème dans lequel Villon combine la critique des "*Princes*" et l'évocation mythologique de l'Age d'Or, si toutefois l'on accepte de poser que les mythes de Prométhée et d'Icare relèvent tous deux d'un symbolisme génésiaque (ce qui est évident en ce qui concerne le premier).

La mythologie classique, notamment mithriaque, dont s'est inspirée l'iconographie funéraire des Romains, fait de la chute de Phaëton le symbole de l'"*ecpyrosis*", la conflagration finale de l'Univers[125], ce qui correspond plus ou moins à l'Apocalypse des chrétiens[126]. C'est en tant que symbole de cette conflagration que Phaëton est représenté sur les sarcophages romains, entouré des éléments de l'Univers, qui la subiront. Parmi eux, on trouve les Vents, qu'on rencontre également dans les scènes de la création de l'homme par Prométhée[127], et qui font par leur présence ici référence au thème du voyage de l'âme dans l'éther des sphères[128].

Dion Chrysostome rend compte du fait que les mages d'Asie Mineure ont intégré ce symbolisme de la chute de Phaëton à leurs croyances sur la fin du monde, qui correspond à une rénovation, comme dans le mithriacisme, où Mithra est censé revenir à la fin des temps pour faire passer à l'âme des justes un fleuve de feu[129].

On notera cependant que selon Julien le mythe de Phaëton est aussi une allégorie de la Némésis qui frappe les puissants, que le pouvoir rend arrogants envers les dieux[130]. D'autre part, ces apocalypses étaient étroitement associées dans la mentalité antique au Déluge primordial. Ainsi, le *Visnu Purâna*, 24-25, mais aussi les Chaldéens et en Grèce Aristote (texte perdu), Bérose et Héraclite (fragm. 66), racontent que les deux cataclysmes ont lieux chaque année, la conflagration au solstice d'été, le Déluge à celui d'hiver[131].

De même dans le domaine romain, Lucrèce, V, 382-420[132], confond explicitement le feu de la chute de Phaëton avec l'eau du Déluge dont Deucalion, fils de Prométhée, fut le seul survivant, ce qui, au-delà de l'association combien symbolique des deux éléments pour la théologie antique, *a fortiori* dans un ouvrage sur l'origine physique du monde comme le *De Natura Rerum*, révèle précisément la complémentarité dans la mentalité classique du Déluge et de la conflagration, tant du point de vue symbolique (association des contraires) que mythologique (combinaison des éléments qui fut nécessaire à la création de l'univers) ou chronologique (rapprochement du Déluge primordial et de la destruction finale). La confusion est d'autant plus évidente que, si l'on considère le fait que le Déluge de Deucalion fut causé par la découverte du plomb par les hommes, Lucrèce, en citant Phaëton alors qu'il fait référence au Déluge subi par Deucalion, identifie les deux événements, qui deviennent dès lors équivalents en tant qu'allégories de la fin de l'Age d'Or (sur laquelle Lucrèce s'attarde dans toute la suite du "*Livre cinquième*").

De ce point de vue donc, le mythe de Phaëton renvoie à un symbolisme macabre, mais de *renovatio*. Pourtant les modernes, dont on a vu qu'ils associaient couramment les mythes de Phaëton et d'Icare font de ce dernier un symbole de "*la difficulté de l'ascension spirituelle*"[133], et plus précisément encore un parèdre, non seulement donc de Phaëton, mais aussi, conformément à Ovide (*Met.*, IV, 455-461), des autres grands condamnés des Enfers[134]. Ainsi Titien (1549) associe-t-il Ixion, Sisyphe, Tantale et Tityos[135], comme Golzius (1588) dans ses gravures d'après Cornelis Van Haarlem associe Icare, Ixion, Phaëton et Tantale[136], et Ribera

(1632) Tantale, Tityos et Sisyphe[137].

De même, on a vu que Landino confondait le symbolisme de Phaëton et celui de Sodome, cité détruite dans la *Genèse*, dont Moïse et le Christ font le paradigme du péché des hommes, et dont Isaïe et Jérémie font la préfigure de la chute de Babylone ou d'Edom et la "*soeur cadette*" de Jérusalem[138]. L'*Ovide moralisé* va plus loin. Alors que Sol représente le Christs Phaëton, philosophe arrogant, apparaît comme un véritable Antéchrist[139]. Le caractère génésiaque et bénéfique (de *rénovation*, comme nous l'avons dit) de Phaëton s'efface donc chez les modernes au profit d'un autre, certes toujours génésiaque, mais macabre.

Or c'est essentiellement le "*Livre cinquième*" du *De Natura Rerum* de Lucrèce, que nous venons d'évoquer, qui nous apporte les éléments pour comprendre cette contradiction apparente.

Dans ce "*Livre*" en effet, partant du mythe de Phaëton, qu'il définit comme la punition de "*l'orgueilleux*" par "*le père tout-puissant*" afin de "*rétabli*(r) *l'ordre universel*"[140], Lucrèce développe une théorie atomique de l'Univers. Le débat qu'il entend ainsi rouvrir pour savoir lequel des quatre éléments est à l'origine de toute chose ne nous retiendra évidemment pas ici. Plus intéressant pour nous est par contre le fait que cette démonstration "scientifique" sous-tend chez Lucrèce une conception génésiaque dans laquelle l'Age d'Or s'oppose à l'évolution néfaste qu'a subi l'humanité, par sa propre faute.

Cette évolution est représentée par la Guerre et les combats de bêtes sauvages, notamment les fauves[141], ainsi que par le passage de l'état de nature (la nudité) à l'état de culture (utilisation de peaux de bêtes pour se vêtir). Ce dernier état de l'humanité se distingue aussi par l'invention de l'agriculture qui, toujours selon Lucrèce, conduisit les hommes à vouloir posséder de plus en plus de biens[142]. Aux richesses de la nature et aux peaux de bêtes, dont pourtant la "*découverte avait excité tant d'envie qu'un guet-apens mortel avait attiré... le premier qui les porta*"[143], l'homme préféra rapidement, et c'est encore "*aujourd'hui* (le cas,) *l'or et la pourpre...* (ainsi que les) *vêtement*(s) *de pourpre et d'or rehaussé*(s) *de riches broderies*"[144]. L'Avarice nouvelle, la soif du gain, qui favorisa le développement de l'agriculture, du commerce maritime mais aussi de la guerre ("*Navigation, culture des champs, architecture, lois, armes, routes, vêtements...*"[145]), marqua donc la "*lente marche du progrès*"[146] en même temps qu'elle sonna le glas de l'Age d'Or et de la paix originelle (on retrouvera cette idée chez de nombreux philosophes modernes et contemporains, de Jean-Jacques Rousseau à Emmanuel Kant et Karl Marx notamment).

Bien que dans le "*Livre sixième*", il prétende donner une interprétation physique au tonnerre[147], Lucrèce ne l'associe pas moins, même si c'est pour démontrer la fausseté et l'impiété d'une telle conception, à la colère divine causée par l'infidélité des hommes[148]. Il considère aussi (ce qui contredit quelque peu la théorie émise dans le "*Livre cinquième*") le feu, dont le tonnerre ne serait donc qu'une forme, comme étant à l'origine de toutes choses (il cite comme exemple le feu interne de la terre qui surgit de l'Etna)[149] et fait de son ardeur la cause de la mort de certains oiseaux et de la souffrance des hommes dans les mines de charbon, d'or ou d'argent[150]. Plus ou moins clairement cette chaleur apparaît comme une punition identique au Tartare. L'expression "*horribles ténèbres*"[151] qu'il lui associe le prouve.

Or dans le "*Livre cinquième*" déjà, Lucrèce critiquait le goût immodéré des hommes pour "*l'airain et l'or et le fer ainsi que l'argent en masse et le... plomb*", goût qu'il comparait, là encore plus ou moins explicitement, à la propension des rois à faire la guerre et à aimer le luxe. Mais, ajoutait-il alors, les "*abîmes de la mort*", ainsi que "*l'heure lourde du châtiment*" font se "*peloton*(er)" "*les rois superbes*", conscients de leurs "*action*(s) *coupable*(s)", face à la "*foudre*" (dont on voit donc la liaison au feu et à la punition divine chez Lucrèce), aux "*vents*" et aux "*forces surnaturelles mêlées à la nature et qui gouverneraient toutes choses*" et font que "*la terre entière chancelle sous nos pas, que les villes ébranlées s'écroulent ou nous menacent de leur chute*"[152].

Même si Lucrèce met toujours en avant le fait que ces croyances animistes sont blâmables et dues à l'ignorance, il n'en reste pas moins que la fréquence d'une part de l'identification entre les dieux, la foudre et les vents (dont on a vu qu'ils étaient tous associés au mythe de Phaëton dans les croyances indo-européennes et l'art romain funéraire antique), et d'autre part des péchés qui firent perdre aux hommes leur innocence première, sont pour le moins révélatrices de l'inter-connection entre le mythe de Phaëton et celui du Déluge. Ainsi après avoir, dès le début du "*Livre cinquième*", énuméré les péchés "*l'orgueil,... la luxure et... la colère... Et la faste, et la paresse*" qu'il oppose à "*la vertu... sans armes*", aux "*dieux*" et à "*l'ordre entier de la nature*"[153], Lucrèce, vers la fin du même "*Livre*", résume ainsi sa pensée:

"*Puis les hommes apprirent du soleil à cuire les aliments, à les amollir à la chaleur de la flamme, car ils voyaient les fruits de la terre s'adoucir à ses rayons, s'attendrir à son feu dans les champs. Et de jour en jour ils modifièrent leur nourriture et la vie d'antan par un nouvel emploi du feu qu'enseignaient les plus inventifs et les plus sages./ Bientôt les rois se mirent à fonder des villes et à construire des citadelles pour leur être défense et refuge; ils distribuèrent les troupeaux et les terres, en tenant compte de la beauté et de la force du corps ainsi que des qualités de l'esprit: car la beauté eut alors grande valeur, la force grande vertu. C'est plus tard que fut inventée la richesse et découvert l'or; il n'eut pas de peine à ravir leur prestige à la force et à la beauté. La cour du riche en effet, les hommes courent d'ordinaire la grossir, même s'ils sont forts même s'ils sont beaux./ Si l'on se conduisait par les conseils de la sagesse, l'homme trouverait la suprême richesse à vivre content de peu: car de ce peu jamais il n'y a disette. Mais les hommes ont voulu se rendre illustres et puissants pour donner une base solide à leur destinée et mener une vie paisible au sein de l'opulence: vaine ambition, car pour arriver au faîte des honneurs ils soutiennent des luttes qui en font la route périlleuse. Y arrivent-ils pourtant? Une véritable foudre, l'envie, les frappe et les précipite honteusement dans l'horrible Tartare. Qu'il vaut mieux vivre dans l'obéissance et la paix que de vouloir régenter le monde et être roi! Que les hommes donc suent le sang et s'épuisent en vains combats sur le chemin étroit de l'ambition. Tant pis pour eux s'ils ne voient pas que l'envie comme la foudre concentre ses feux sur les hauteurs, sur tout ce qui dépasse le commun niveau! tant pis s'ils ne jugent que sur autorité d'autrui, s'ils règlent leurs goûts sur les opinions reçues plutôt que sur leur sentiment personnel. Hélas, ce que les hommes sont aujourd'hui, ce qu'ils seront demain, ils l'ont toujours été.*"[154]

Donc, à l'Age d'Or premier où les hommes ne connaissaient

ni vêtements ni outils ni or ni argent s'oppose l'évolution de cette même humanité vers l'acquisition de la pudeur, l'agriculture, l'envie (le goût de plus en plus prononcé pour les possessions terrestres), et par conséquent, pour finir, vers la guerre, causée par l'envie. L'homme est donc aujourd'hui perpétuellement en état de péché contre les visées divines.

En outre, l'envie est définie par Lucrèce comme le feu de la foudre qui précipite l'humanité envieuse vers le Tartare. Ce qui est tout particulièrement notable dans ce développement, c'est que le cas des rois n'est que l'exemple extrême (ou suprême) du péché d'envie dans lequel se complaît l'*ensemble de l'humanité*, et non spécifiquement les princes et les puissants, malgré ce que laissent croire les livres d'emblèmes de la période moderne précédemment étudiés.

De fait, à partir de l'analyse de Lucrèce, les textes de Baudoin, Flamen, Landino et Brant, qui font d'Icare et/ou de Phaëton l'expression du péché des hommes prennent un jour nouveau, tout comme le commentaire de Landino, qui identifie la chute de Phaëton à celle de Sodome.

Le symbole est clair. Phaëton est le paradigme de toute l'humanité déchue. Les motifs choisis par Lucrèce pour le rendre sensible au lecteur sont les mêmes que ceux que l'iconographie de la Renaissance choisira, justement en référence aux auteurs de l'Antiquité. Citons la bataille de fauves, ainsi que les armes, la pourpre et l'or que les livres d'emblèmes utiliseront indifféremment à propos de la roue de Fortune ou des chutes similaires d'Icare et de Phaëton. Ainsi que nous l'avons vu, les *Danses macabres* utiliseront également les emblèmes du pouvoir pour stigmatiser le péché dont le mouvement en quelque sorte perpétuel est uniquement le fait de la convoitise selon les théologiens (notamment Cassien) et, ainsi que l'a montré Panofsky dans ses *Essais d'iconologie*[155] (1939), les peintres de la Renaissance tel que Piero di Cosimo rendront l'Age d'Or par la cohabitation pacifique des hommes et des animaux (conformément à Lucrèce, mais aussi, bien sûr, à la *Genèse*), et le passage de ce premier âge à l'âge moderne par la chute de Vulcain du mont Olympe ou par la bataille de fauves.

C'est tout à fait significatif quand on sait que d'une part pour Aristote l'imitation fidèle de la nature par l'homme se définit comme l'emploi des arts et techniques et que d'autre part pour Boccace ce même emploi des arts et techniques, qui nécessitent l'utilisation du feu, est symboliquement représenté par la découverte de Vulcain, justement allégorie du feu, par des singes (épigones d'hommes, ainsi que le rendra l'iconographie) qu'il éduque[156].

Les mythographes et les théologiens chrétiens cherchèrent donc tout naturellement à mettre en relation les mythes de la Création ou du progrès spontané (tel qu'on les trouve par exemple chez Evhémère, Homère, Lucrèce ou Vitruve) avec celui du Péché originel de la *Bible*[157], mais aussi avec celui de Prométhée et d'Epiméthée:

" *"Eveil de l'humanité"*... (et) *phase purement technique*... (Car) *Les mythographes tardifs - Boccace notamment - ont toujours souligné que, si Vulcain personnifie l'"ignis elementatus" (le feu comme élément physique, qui permet à l'humanité de résoudre ses problèmes pratiques), la torche de Prométhée, allumée aux roues du char du soleil ("rotas solis, id est e gremio dei"), porte le "feu du ciel" (la "lumière de la connaissance irradiée dans le coeur de l'ignorant"); et qu'une telle lumière ne peut s'acquérir qu'au dépens du bonheur et de la paix d'esprit"*[158].

On comprend mieux l'hésitation de Lucrèce entre une vision positive du progrès et la critique de la perte d'innocence et d'altruisme que, selon lui, présuppose l'évolution humaine.

Il est enfin intéressant de noter que l'iconographie moderne adjoint assez régulièrement à la représentation de Vulcain tombé sur terre celle d'Eole. Panofsky propose fort justement de mettre cette association en rapport avec Virgile qui dans *L'Enéide*, VIII, 416 (""*Insula Sicanium juxta latus Aeliamque/ Erigitur Liparen fumantibus ardua saxis...*"), situe l'atelier de Vulcain "*sur l'une des îles qui se trouvent entre la côte de Sicile et l'île de Lipari où régnait Eole*"[159], et ce d'autant plus que:

"*Sur la foi de ces vers, les mythographes en vinrent plus tard à imaginer une association étroite entre Vulcain et Eole, que l'on finit par considérer, ou peu s'en faut, comme des collaborateurs. "La raison pour laquelle on situait l'atelier de Vulcain entre l'Etna et Lipari, commente Servius, tient à la nature même: car feu et vent sont tous deux indispensables au travail du forgeron. L'Etna est une montagne enflammée (un volcan) et Lipari est l'une des sept îles où régnait Eole" - assertion reprise, presque à la lettre, par Alexander Neckham et évoquée aussi par Boccace. Un pas de plus dans le même sens et le "Libellus de Imaginibus Deorum" en vint à décrire Eole manoeuvrant deux véritables soufflets de forge ("flabia, instrumenta fabrilia"); l'illustration (de l'ouvrage) se conforme au texte.*"[160]

Mais il ne fait aucun doute que, tout au moins dans l'esprit antique, l'association des deux divinités relevait aussi d'une cosmogonie plus vaste relevant d'une croyance au voyage de l'âme dans les sphères (les Vents la ramenant aux Iles Fortunées, sorte de paradis[161] remplaçant celui de l'Age d'Or perdu), dont on trouve l'expression plastique dans les sarcophages romains. On trouve ainsi dans leur iconographie les images du laboureur et du navire également associés à la double idée de voyage des âmes - en ce qui concerne le symbolisme du navire - et de droit chemin (celui du travail et de la sueur) qui s'oppose à la Luxure et au péché et est une promesse de récompense dans l'au-delà - en ce qui concerne le laboureur -[162].

III - Supplément: la question du personnage mort, apparaissant sous les arbres au second plan de *La Chute d'Icare* de Brueghel

Les symboles qu'on trouve chez Brueghel du navire, du laboureur, des armes et de la bourse, dérivent donc non seulement de l'iconographie classique (qu'on rencontre dans les livres d'emblèmes notamment), mais encore sont typiques de l'évocation de l'évolution de l'humanité aussi bien chez les auteurs antiques (comme Lucrèce, on vient de le voir) ou modernes (Brant par exemple). Ils mettent clairement en scène dans l'oeuvre de Brueghel, encore une fois conformément aux théories et à l'imagerie classiques et modernes, la chute de l'humanité, réduite au labeur depuis sa chute et/ou la perte de son innocence primordiale.

Il n'est pas étonnant que les théologiens et les mythographes chrétiens aient pu assimiler la perte de l'Age d'Or, que Lucrèce définit comme l'acquisition à la fois du vêtement en peaux de bêtes et de l'agriculture, prémisses à la naissance du péché (notamment d'avarice), au mythe biblique d'Adam et Eve chassés du Paradis par Dieu pour avoir découvert leur nudité, et pour cela voués à la mort et au travail agricole. De plus, comme nous l'avons dit, l'Avarice et la Luxure sont deux péchés qui, associés respectivement pour l'un chez Lucrèce à la perte de l'Age d'Or et pour l'autre sur les sarcophages romains au mauvais chemin que ne doit pas emprunter le laboureur consciencieux, sont au centre des textes par exemple de Cassien, de Basile de Césarée, de saint Jean Chrysostome, de saint François d'Assise ou bien encore de Brant.

Un dernier détail de *La Chute d'Icare* de Brueghel reste malgré tout obscur. Le personnage mort qu'on voit étendu sous les arbres, au second plan à gauche du spectateur.

Plusieurs hypothèses sont envisageables. Il peut faire référence, comme le prétendent certains auteurs avec une certaine raison, au proverbe "*Aucun laboureur ne s'arrête pour la mort d'un homme*"[163], déjà cité. Il peut aussi représenter Calos, fils de Perdrix. En effet, selon certains auteurs, Perdrix aurait été la soeur de Dédale, et c'est Calos, non Perdrix, que le père d'Icare aurait précipité du haut de la citadelle. Ovide identifiant Perdrix et Calos choisit, nous l'avons dit, de suivre la version de Sophocle[164]. Le vieillard étendu de Brueghel peut enfin représenter Vulcain (dans ce cas, il ne serait pas mort), en référence au symbolisme identiquement génésiaque des deux mythes.

Deux autres possibilités sont encore à examiner, bien que peu plausibles. La première serait que ce personnage représentât Adam (dont on trouve le crâne dans certaines *Crucifixions*, au pied de la croix), en référence pareillement au caractère génésiaque des deux mythes. La seconde serait que Brueghel ait simplement voulu intégrer à sa représentation un personnage assoupi. Cette éventualité est de loin la moins vraisemblable car elle supposerait que *La Chute d'Icare* soit considérée comme une scène de genre, ce qui est peu probable[165], comme il nous semble en avoir apporté la démonstration.

Quelque soit la solution au problème, les deux choix à notre avis les plus plausibles sont soit que ce personnage illustre le proverbe suscité, soit qu'il fasse référence, par typologie, à la chute de Vulcain. Mais en l'état actuel des connaissances, rien ne permet de donner une solution acceptable à cette énigme, cependant centrale dans l'étude de l'oeuvre.

Pourtant, qu'on suppose que le vieillard mort de *La Chute d'Icare* représente Adam, Calos, Vulcain, ou qu'il fasse référence à un proverbe, il conserve dans tous ces cas de figures un caractère nettement génésiaque (soit en tant que préfigure de la chute d'Icare, soit, qu'il fasse référence à Adam, Vulcain ou à un proverbe, en tant que rappel plus universel de la déchéance de l'humanité, vouée au travail des champs à cause de la faute d'Eve).

C'est pourquoi nous proposerons une théorie plus générale. Il est tout à fait permis de penser que le vieillard mort de *La Chute d'Icare* ne renvoie à aucune figure mythologique précise. Mais, si l'on accepte notre interprétation du tableau, dans ce cadre, le vieillard peut simplement tenir la place d'un macchabée, complément en quelque sorte logique du laboureur, du berger et du pêcheur, dont on a vu que tous trois faisaient référence à la disgrâce de l'humanité, réduite au travail agricole et au commerce[166], mais également mise entre les mains du Destin (ou, si l'on préfère, de la Fortune-Némésis divine[167]), divinité à la fois marine et terrestre, au pouvoir sur tous les éléments. Or le péché des Protoplastes est, comme on le sait, également et surtout à l'origine de la perte d'immortalité de leur descendance.

On trouve ainsi une évidente préfigure de notre personnage dans l'homme mort au premier plan à droite pour le spectateur de la *Scène de chasse* du cycle de l'histoire de l'humanité primitive de Piero di Cosimo[168] (peintre dont en outre la manière nous semble être, pour son unicité, plus qu'un avatar du style international, un cas - notable en ce qui nous concerne, dans le cadre d'une recherche génétique des motifs de *La chute d'Icare* de Brueghel - étrange et fort intéressant d'influence de l'art flamand sur un peintre italien de la Renaissance).

La question reste ouverte.

IV - Conclusion

En conclusion, nous avons pu montré que la chute d'Icare était implicitement associée dans la mentalité antique et moderne à celle de Phaëton, ce dont témoigne l'iconographie des livres d'emblèmes. Nous avons vu aussi que Icare et Phaëton étaient couramment considérés comme les pendants des grands pécheurs de l'Enfer antique, parmi lesquels figurent Sisyphe et Prométhée. Les livres d'emblèmes de la période moderne eux-mêmes insistent sur la liaison particulière entre les trois figures d'Icare, de Phaëton et de Prométhée.

Leurs textes, comme celui de Lucrèce (qui l'associe à Deucalion), attestent le caractère clairement génésiaque du mythe de Phaëton. Pourtant, si la religion et l'iconographie funéraire antiques tendraient à faire de Phaëton un symbole de rénovation, promesse de vie dans l'au-delà pour le défunt, la théologie chrétienne, et surtout les mythographes tardifs (Landino, *Ovide moralisé*, etc.), en ont fait une sorte d'épigone des figures du Déluge (tels que Deucalion ou Noé), sans doute en partie du fait de l'unicité de l'expérience de la résurrection du Christ[169] qui, malgré l'attente du Jugement Dernier par ses fidèles, s'oppose à la *renovatio* cyclique annuelle des dieux saisonniers antiques[170].

Dans *La Chute d'Icare* de Brueghel, le laboureur, le berger, le pêcheur, le navire, ainsi que l'épée et la bourse sont des éléments qui permettent de confirmer l'existence de ce même symbolisme génésiaque dans le mythe d'Icare.

Le fait que le dessin préparatoire au tableau fut réalisé par Brueghel à Rome la même année que *L'Enlèvement de Psyché* et que, du moins dans les gravures qui en furent tirées[171], les deux oeuvres furent considérés comme un groupe, en est une autre preuve. En effet, se basant sur Dora et Erwin Panofsky[172] (1962), Véronique Gély-Ghédira a parfaitement montré dans son article de Janvier-Mars 1991[173] que les iconographies de Psyché et de Pandore (dont on sait qu'elle fait partie intégrante du mythe de Prométhée, tant chez les auteurs anciens que chez les modernes tels que notamment Boccace ou Erasme[174]) étaient liées parce que leur mythe l'était déjà clairement dans les textes antiques, que ce soit chez Apulée, chez Hésiode, chez Martianus Capella, chez Ovide, chez Plotin, ou chez l'évêque Fulgence.

Comme c'est aussi le cas chez les poètes médiévaux et dans les livres d'emblèmes de l'ère baroque, l'épée et la bourse de *La Chute d'Icare* évoquent les péchés, notamment la convoitise, causes des malheurs contemporains de l'humanité, vouée à l'envie, au profit et à l'argent et, pour cela, aux conflits[175]. Les grands, princes et rois, mais aussi ecclésiastiques, sont vertement critiqués par Lucrèce, les *Danses Macabres* médiévales et les auteurs des livres d'emblèmes, en tant qu'ils sont les plus pervertis par ce goût irraisonné du luxe et, puisqu'ils s'y adonnent sans se soucier de leur âme, de la Paresse (ou *Acedia*, péché qui, comme on le sait, touche surtout les moines dans l'iconographie moderne, car ils sont les moins pardonnables de s'y complaire).

Le laboureur, le berger, le pêcheur et le navire représentent quant à eux l'humanité telle qu'elle est, c'est-à-dire déchue à cause du péché originel, soumise aux nécessités du travail et de la Fortune.

En ce sens, le mort au second plan, s'intégrerait parfaitement au groupe, comme évocation on ne peut plus explicite de la Mort qui est maîtresse des hommes, à l'instar de la Fortune, ce qui explique qu'à la fin du Moyen Age et à la Renaissance non seulement leur symbolisme soit identique, mais que la roue de Fortune s'attaque indifféremment aux petits comme aux grands, en faisant choir ces derniers sans souci de leur mérite, exactement comme les squelettes qui mènent les *Danses Macabres* emmènent en premiers papes, empereurs, rois, cardinaux et évêques.

L'humanité déchue, montrée telle qu'elle est, est directement accusée par les attributs, bien visibles au premier plan, de sa *culpa*, à savoir l'épée et la bourse. C'est ce que nous présentent Brueghel, mais aussi des auteurs aussi divers que Lucrèce, Villon, Meschinot, Brant, Alciati, Flamen ou Rollenhagen, etc. Alciati, Flamen et Rolenhagen utilisent ces mêmes attributs associés aux chutes d'Icare ou de Phaëton pour stigmatiser la convoitise des hommes, dont les puissants sont les représentants les plus symptomatiques.

L'ensemble de ces éléments ne doit pas nous conduire à considérer que toute image des chutes d'Icare ou de Phaëton de la fin du Moyen Age, de la Renaissance ou de l'ère baroque, est une allégorie du péché originel.

A contrario, il impose de considérer le tableau de Brueghel comme une oeuvre morale, voire moralisante, critiquant l'humanité soumise aux nécessités que lui imposent son aveuglement[176], toute entière vouée qu'elle est aux vices que lui ont appris ses premiers parents, Adam et Eve. Cette thématique est d'autant plus intéressante à découvrir chez Brueghel qu'elle montre tout ce que l'art du peintre doit à son maître spirituel, Bosch, mais aussi à la morale de son époque et de son milieu. La comparaison avec *La Nef des Fous* de Brant est à cet égard, on l'a vu, tout à fait éclairante.

Mais cet ensemble d'éléments pertinents mis en évidence chez Brueghel, et qu'on retrouve identiquement dans les livres d'emblèmes, semble imposer aux exégètes de considérer désormais que les représentations d'Icare ou de Phaëton de la période moderne, renvoient toujours, même de manière lointaine et détournée, à la question des origines, du péché originel, du Jugement Dernier et de la *culpa* de l'humanité, au même titre que l'*Ars moriendi*, les iconographies du *Chevalier, La Mort et le Diable*, de l'*Hortus deliciarum*, des *Sept Péchés Capitaux*, ou les *Danses Macabres* (dans lesquelles on trouve parfois les Protoplastes ainsi que, justement, des ébauches de *Jugement Dernier*). C'est sans nul doute ce caractère moral de la représentation qui permet de comprendre l'apparition d'un thème classique, cas unique dans l'oeuvre de Brueghel, plutôt enclin comme son prédécesseur Jérôme Bosch à illustrer les scènes de la vie populaire, les proverbes flamands, et les allégories bibliques.

---

[1] Pour toutes les références bibliographiques des auteurs cités, ainsi que les problèmes de datation et d'attribution, nous renvoyons à la compilation de *Tout l'oeuvre peint de Brueghel l'Ancien*, intro. Charles de Tolnay, doc. Piero Bianconi, Paris, Flammarion, 1981, pp. 82, 85 et 92.

[2] Roger H. Marijnissen, avec la collaboration de A.W.F.M. Meij, P. Ruyffelaere et P. Van Calster, *Brueghel - Tout l'oeuvre peint et dessiné*, Anvers, Fonds Mercator, et Paris, Albin Michel, 1988, pp. 380-381.

[3] *Ibid.*, p. 378. Les éléments de la présente analyse stylistique semblent être confirmés par l'article de Dominique Allart et Christina Currie, "*Trompeuses séductions. La Chute d'Icare des Musées Royaux des Beaux-Arts de Belgique*", CeROArt, 2013, http://ceroart.revues.org/2953

[4] Cf. Ovide, *Les Métamorphoses*, Paris, Garnier-Flammarion, 1991, note 445 p. 433.

[5] Sur l'influence de l'Italie sur le peintre, cf. notamment Erwin Panofsky, *La vie & l'art d'Albrecht Dürer*, Paris, Hazan, 1987.

[6] Ovide, *Les Métamorphoses*, Paris, Garnier-Flammarion, 1991, p. 209.

[7] *Ibid.*

[8] Cf. *ibid.*, note 443 p. 433.

[9] *Ibid.*, p. 209.

[10] Cf. *ibid.*, note 443 p. 433.

[11] *Ibid.*, p. 68. Cette mise en garde, récurrente donc chez Ovide, sera d'ailleurs notablement réutilisée par Jean Baudoin, *Emblèmes divers, representez dans cent quarante figures en taille douce*, 1659, rééd. Paris, Aux Amateurs de Livres, Bibliothèque Interuniversitaire de Lille et Klincksieck (BIL), 1989, 2 vol., t.1, pp. 396 à 399, justement à propos d'Icare, comme symbole néo-stoïcien de la juste mesure. Ce qui, s'il en était besoin, viendrait confirmer notre interprétation de *La Chute d'Icare* de Brueghel l'Ancien comme allégorie du Péché originel.

[12] Cf. Bianconi et Tolnay, p. 92.

[13] Cité *in ibid.*

[14] Ovide, pp. 209-210.

[15] *Ibid.*, p. 210.

[16] *Ibid.*, note 446 p. 434.

[17] *Ibid.*, p. 210.

[18] *Ibid.* Ainsi, comme le note à plusieurs reprises fort justement Françoise Frontisi-Ducroux, *Dédale - Mythologie de l'artisan en Grèce ancienne*, Paris, François Maspero, 1975, chap. II.3. "*Meurtre sur l'Acropole*", pp. 121-134, Perdrix-Talos par sa chute préfigure dialectiquement celle d'Icare.

[19] Ovide, p. 209.

[20] Cf. Baudoin.; et Otto Van Veen, *Amorum emblemata figuris Aeneis Incisa*, 1608, rééd. BIL, 1989, pp. 42-43.

[21] Reproduit dans Irène Aghion, Claire Barbillon et François Lissarrague, *Héros et Dieux de l'Antiquité - Guide iconographique*, Paris, Flammarion, 1994, art. "*Icare*", p. 163.

[22] Sébastien Brant, *La Nef des Fous*, Bar le Duc, La Nuée Bleue, 1988, p. 288.

[23] Van Veen.

[24] Brant, pp. 162 à 170.

[25] *Ibid.*, pp. 162 à 164.

[26] *Ibid.*, pp. 133 à 135.

[27] *Ibid.*

[28] Récurrents dans le texte de Brant, *ibid.*, passim. Cf. note 35 et texte correspondant *infra*.

[29] *Ibid.*, pp. 106 à 108.

[30] *Ibid.*

[31] *Ibid.*, pp. 285 à 288.

[32] *Ibid.*, pp. 33 à 35.

[33] *Ibid.*, pp. 171 à 173.

[34] *Ibid.*, pp. 327 à 329.

[35] Cf. note 28 et texte correspondant *supra*.

[36] Cf. notamment l'excellent article sur le sujet de Michel Foucault, "*Le combat de la chasteté*", *Communications 35 - Sexualités occidentales*, sous la dir. de Philippe Ariès et André Béjin, Paris, Seuil, 1982, pp. 26 à 40. C'est ainsi que se comprend également le texte de Baudoin, Ière partie, pp. 396 à 399, qui fait du mythe de Dédale et Icare l'allégorie de la Vertu, qui doit se distinguer à la fois du défaut (ou du manque, péché de la vieillesse) et de l'excès (péché de la jeunesse auquel a succombé Icare selon Baudoin). On retrouve là, comme chez Van Veen, le principe du juste milieu, qui définissait déjà la Vertu chez Aristote. L'homme, intermédiaire entre l'animal et Dieu, ne doit ni pécher en se rabaissant au niveau du premier ni pécher en voulant égaler le second. C'est ce que nous rappellent les auteurs des livres d'emblèmes (selon une théorie assez proche de la célèbre division tripartite de l'âme des néo-platoniciens tel que notamment Marsile Ficin). Cette juste mesure n'est rien d'autre que celle que les hommes doivent adopter envers Dieu. Sinon, comme le rappelle Gabriel Rollenhagen, la roue de Fortune, qu'il identifie explicitement à

la punition de Dieu - ce dernier (reconnaissable à son allure de patriarche et à sa tête couronnée d'un aigle, symbole traditionnel de sa présence, cf. Chevalier et Gheerbrant, art. "*Aigle*" et "*Aigle (à deux têtes)*", pp. 12 à 16, étant d'ailleurs appuyé sur la manivelle de la roue que tourne Fortune, cf. Rollenhagen, *Nucleus emblematum selectissimorum quea Itali vulgo impressas vocant*, 1611, rééd. BIL, 1989, Ière partie, emblème 6 -, viendra les faire chuter, *ibid.*, emblèmes 6 et 57.

[37] Brant, pp. 354 à 356.

[38] *Ibid.*, chap. 92, pp. 357 à 363.

[39] Cf. Ovide, note 443 p. 433.

[40] Andrea Alciati, *Tovtes les emblèmes*, éd. de 1558 et de 1564, rééd. BIL, 1989, Ière partie, p. 82. Même si l'emblème de la p. 60 *in ibid.*, qui montre un enfant s'accrochant désespérément aux branches d'un arbre illustre l'option inverse, à savoir qu'il ne faut jamais hésiter à mener à bien ses entreprises, malgré les embûches qui peuvent se présenter à nous. Mais ce thème est peu fréquent. De plus, l'enfant ne chute pas du ciel, mais semble plutôt en mauvaise position car il est grimper à l'arbre, visiblement dans l'espoir d'en cueillir les fruits.

[41] Cf. par ex. Brant, chap. 56, pp. 200 à 205; et Georgette de Montenay, *Livre d'armoiries en signe de fraternité*, 1619, rééd. BIL, 1989, emblème XXXI, pp. 154 à 157.

[42] Cf. par ex. Jean Coman, *L'idée de la Némésis chez Eschyle*, Paris, Félix Alcan, 1931.

[43] Alciati, pp. 124 à 126.

[44] Rollenhagen, Ière partie, emblème 12.

[45] Albert Flamen, *Devises et emblesmes d'amour moralisez*, 1672, rééd. BIL, 1989, pp. 46 à 48.

[46] Cf. Panofsky, *Essais d'iconologie - Thèmes humanistes dans l'art de la Renaissance*, Paris, Gallimard, 1967, note 2 p. 302.

[47] Baudoin, pp. 214 à 219, 296 à 303 et 396 à 399.

[48] Ovide, pp. 208 à 210.

[49] Van Veen.

[50] Cf. par ex. Panofsky, *Essais d'iconologie*, pp. 302-303.

[51] Cf. par ex. Foucault.

[52] À noter que l'origine profondément archaïque de cette bipartition traditionnelle du pouvoir de Fortune sur l'ensemble des éléments est confirmée par le fait que chez un auteur médiéval tel que Henricus Septimellensis, elle est remplacée par une mise en parallèle du travail de Fortune, "*déesse la plus puissante du monde*", avec ceux du "*soldat,* (du) *pêcheur,* (et du) *clerc*", cf. Italo Siciliano, *François Villon et les thèmes poétiques du Moyen Age*,

Paris, Librairie A.-G. Nizet, 1971, p. 285, autrement dit donc par la constatation de son pouvoir trifonctionnel (exactement tel que l'a défini Georges Dumézil).

[53]Cf. Jacqueline Champeaux, *Le culte de la Fortune à Rome et dans le monde romain*, Paris, De Boccard, 1982, 2 vol., t. I, p. 167.

[54]Cité *in ibid.*, p. 151.

[55]*Ibid.*, p. 168.

[56]*Ibid.*

[57]Cf. Françoise Dunand, *Le culte d'Isis dans le bassin central de la Méditerranée*, Leyde, Brill, 1973, 3 vol., t. I, p. 98.

[58]*Ibid.*, t. II, p. 118 et t. III, pp. 110, 116 et 256.

[59]*Ibid.*, t. I, p. 102.

[60]Lucrèce, *De la Nature*, Paris, Garnier Frères et Flammarion, 1990, pp. 19-20: "*O Mère d'Enée et de sa race, plaisir des hommes et des dieux, bienfaisante Vénus, toi qui, sous les signes errants du ciel, peuples la mer porteuse de vaisseaux et les terres aux riches moissons! C'est par toi que toutes les espèces vivantes sont conçues et, arrivant à l'existence, voient la lumière du soleil; devant toi, ô Déesse, à ton approche, fuient les vents, fuient les nuages; sous tes pas la terre industrieuse étend ses doux tapis de fleurs, les flots de la mer te sourient, et pour toi, dans le ciel apaisé se répand et resplendit la lumière./ Sitôt qu'a reparu le visage printanier des jours et que, longtemps captive, s'affranchit l'haleine féconde du zéphir, tout d'abord les oiseaux des airs, ô Déesse, témoignent de ta venue, frappés au coeur par ta puissance. Ensuite s'emportent les troupeaux qui bondissent dans les gras pâturages et qui traversent les fleuves rapides; cédant à ton charme, à tes doux attraits, toute la nature animée brûle de te suivre dans la voie où tu veux l'entraîner. Enfin dans les mers, sur les montagnes, au sein des fleuves impétueux, sous les feuillages qu'habitent les oiseaux, parmi les herbes des prairies, jetant dans tous les coeurs les doux traits de l'amour, tu inspires à tous les êtres l'ardeur de perpétuer leur espèce./ Puisque ainsi tu gouvernes seule la nature et que sans toi rien n'aborde aux rivages divins de la lumière, rien ne se proddet de doux et d'aimable, je t'appelle à mon aide pour le travail de ce poème où je m'efforcerai d'expliquer la nature de mon cher Memmius, lui qu'en tous temps, ô Déesse, tu as voulu voir comblé de tes dons. Donne don, ô Déesse, en sa faveur surtout, donne à mes paroles un charme éternel./ Fais cependant que sur mer et sur terre nous voyions cesser les cruels travaux de la guerre, fais que leur fureur partout s'apaise. Car toi seule peux rendre aux mortels le repos heureux de la paix. A ces cruels travaux*

Mars préside, le Dieu puissant des armes, qui souvent vient se jeter dans tes bras, vaincu par l'éternelle blessure d'amour. Alors, les yeux élevés vers toi, sa nuque ronde rejetée en arrière, il repaît de ta vue ses regards avides, et suspend son souffle à tes lèvres. Ah! lorsqu'ainsi, ô Déesse, il repose près de ton corps sacré, enlace-toi à lui, et que ta bouche, répandant de douces paroles, lui demande le repos de la paix, ô glorieuse, pour les Romains. Car, moi-même, je ne pourrais, parmi les embarras de la patrie, me donner à mon oeuvre avec un esprit libre, ni l'illustre rejeton des Memmius se dérober aux nécessités du salut commun". La suite de l'introduction de Lucrèce désigne Vénus comme une déesse qui révèle la vraie foi aux hommes. A noter que Boèce dans *La Consolation de Philosophie* fait tirer à celle-ci une conclusion qui associe en une même figure Fortune et Nature, toutes deux déesses maritime et terrestre (comme le rappelle Boèce, ainsi qu'on va le voir), puisque les effets changeants de la roue de Fortune sur Crésus ou Persée trouvent, selon elle, en "*la nature elle-même, avec ses jours et ses nuits, avec le calme et les tempêtes du vent et de la mer,* (un modèle qui) *nous enseigne que toute chose engendrée n'est ni stable ni constante*", cf. Siciliano, pp. 282-283.

[61] Aussi bien dans "*Contre la Riere-Venus*", Etienne Jodelle, *OEuvres complètes*, Paris, Gallimard, 1965 et 1968, 2 vol., t. II, pp. 345 à 351, que t. I, pp. 392-393: "*Comme un qui s'est perdu dans la forest profonde/ Loing de chemin, d'oree, et d'addresse, et de gens:/Comme un qui en la mer grosse d'horribles vens,/ Se voit presque engloutir des grans vagues de l'onde:/ Comme un qui erre aux champs, lors que la nuict au monde/ Ravit toute clarté, j'avois perdu long temps/ Voye, route, et lumiere, et presque avec le sens,/ Perdu le long temps l'object, où plus mon heur se fonde./ Mais quand on voit (ayans ces maux fini leur tour)/ Aux bois, en mer, aux champs, le bout, le port, le jour,/ Ce bien present plus grand que son mal on vient croire./ Moy donc qui ay tout tel en vostre absence esté,/ J'oublie en revoyant vostre heureuse clarté,/ Forest, tourment, et nuict, longue, orageuse, et noire*".

[62] Cf. Bianconi et Tolnay, p. 92.

[63] Rollenhagen, Ière partie, emblème 12.

[64] *Choice Emblems, Divine and Moral, Antient and Modern: or, Delights for the Ingenious, in above Fifty Seled Emblems, Curioufly Ingraven upon Copper-Plates*, 6ème édition, Londres, Printed for Edmund Parker, 1732.

[65] A. Joseph MacAskill, *Children's Literature, 1633 - 1686, from the Osborne Collection: A study in the relation of style to function*, Maîtrise en Arts, Department of English of the University of Ottawa, 1969, inédit, pp. 63-64.

[66] *Choice Emblems*, p. 6.

[67] Cordulia van Wyhe, "*Introduction*" de l'édition fac-similé de *Portraicts Des S S Vertus de la Vierge contemplées Par Feue S.A.S.M. Isabelle Clere Eugenie Infante D'Espagne*, Glasgow, Glasgow Emblem Studies, 2002, note 108 pp. XXXI-XXXII.

[68] "*Les principaux adversaires de Fouquet étaient Colbert et le Tellier. Fouquet s'était fait représenter avec eux sous l'emblème d'un écureuil entre huit lézards et un serpent, faisant allusion aux armoiries de chacun d'eux, avec Cette devise: Qui me vertam nescio.*" (Nicolas Viton de Saint-Allais, L'Art de vérifier les dates des faits historiques, des chartes, des chroniques et autres anciens monuments, depuis la naissance de Notre-Seigneur, par le moyen d'une table chronologique, Paris, Chez Arthus-Bertrand, Libraire, 1818, T. VI, note 2 p. 277)

[69] https://en.wiktionary.org/wiki/%CF%80%CF%8C%CF%84%CE%B5%CF%81%CE%BF%CF%82

[70] https://www.pinterest.com/pin/705939310313526626/

[71] "*768 AUGUSTIN. Les mains levées vers le ciel. On lit ſur les feuillets d'un livre ouvert devant lui: Poſitus in medio quo me vertam neſcio. Dans l'angle à gauche, en haut, le Christ; à droite, la Sainte-Vierge. Dans la marge: S. AVGVSTINVS. O domine quia... ancillae tuae. Pſal. 115. Signature: Phls. Galle inven. et excud. Hieron. Wirix fcalpſit. 2.*" (Louis Alvin, *Catalogue raisonné de l'oeuvre des trois frères, Jean, Jérôme & Antoine Wierix*, Bruxelles, T.-J.-I. Arnold, 1866, p. 138)

[72] "*769 On trouve cette estampe modifiée. Le saint a les mains jointes. Dans le fond, à gauche, on voit la mer, le saint ſur la plage & Jésus puisant de l'eau au moyen d'une coquille. Dans la marge: S. AVGVSTINVS IMPLETVS EST QVASI... ECCL. 47. Signatures: Phls. Galle inven. et excud. Hieronymus Wierix fculpſit.*" (*Ibid.*)
"*De heilige Augustinus van Hippo, één van de kerkvaders, met zijn handen gevouwen in gebed. Links op de achtergrond het visioen van Augustinus: hij wandelt langs de zee peinzend over de Drieeënheid. Dan treft hij een kind dat een kuil in het zand heeft gegraven en die tevergeefs met water probeert te vullen. In de marge een Bijbelcitaat uit Sir. 47 in het Latijn.*" (https://www.rijksmuseum.nl/en/collection/RP-P-1909-2798)

[73] Cf. la page de recherche: https://www.google.com/search?q=hercules+vice+virtue&rlz=1C1SQJL_esNI789NI789

&source=lnms&tbm=isch&sa=X&ved=0ahUKEwi3zLHV-
PbbAhWOo1kKHcCbB6cQ_AUICigB

[74"] It has been referred to (By W. Schmidt, Geschichte der griechischen Literatur I 3 (Munich 1951), 41 ("eines der einflussreichsten Stücke der Weltliteratur"). See his n. 9 for a bibliography. For a list of ancient references to the story and more recent bibliography see G.-J. van Dijk, Ainoi, Lovgoi, Mu'qoi: Fables in Ancient, Classical, and Hellenistic Greek Literature ("Mnemosyne" Suppl. 166, Leiden 1997), 673 and 683. For a recent assessment of the story (with further bibliography) see the contribution to Heracles and Hercules: exploring a Graeco-Roman divinity (edd. L. Rawlings and H. Bowden, Swansea 2005) by Emma Stafford, Vice and Virtue: Heracles and the art of allegory, 71ff. For a full catalogue of visual depictions of Heracles at the Crossroads from Medieval and Renaissance times onward see The Oxford Guide to Classical Mythology 1300 -1990's, I 527-529. For an introduction to that topic see Malcolm Bull, The Mirror of the Gods: Classical Myth in Renaissance Art (London 2005), 96-99.) as "one of the most influential pieces of world- literature", this story, traceable back to the fifth century B.C. sophist Prodicus of Ceos (Paraphrased in Xenophon's Memorabilia 2.1.21-34 = Prodicus 84 B 2 Diels-Kranz (II 313f.). For two recent (and antithetical) attempts to determine the exact verbal indebtedness of Xenophon to Prodicus see D. Sansone, "JHS" 124, 2004, 125-142, and V. Gray, "CQ" 56, 2006, 427-435.), relating how the young Heracles, as he walked alone one day, was suddenly confronted by a crossroad that branched out into two divergent paths. While baffled as to which path to take, he was joined by two young women named after the qualities they personified: Arete (or Virtue) and Kakia (or Vice). Each was dressed appropriately to her role, "Virtue handsome and noble in mien, her body clothed in purity and her eyes in modesty... Vice plump and soft, with a complexion not left to nature, a wandering eye, and a dress revealing rather than concealing her charms" (W.K.C. Guthrie, A History of Greek Philosophy III (Cambridge 1969), 278.). After hearing out their respective recommendations of the two ways, Heracles opted for the less immediately alluring road (and woman) that was Virtue, and ensured himself sweat and tears in the short term but ultimate immortality in the long run (Xenophon's paraphrase does not continue on to include Heracles' actual choice, still less its consequences for the hero's end, but they must in Prodicus' original treatment have run along the lines here laid out.).

Scholars have realised that Prodicus cannot have invented out of thin air each and every one of the details of the story; in particular, they have appreciated that many of its features are redolent of folk-tale. But how to decide which parts are traditional, which original? Already in antiquity, the second century A.D. author Athenaeus, in his entertaining *Deipnosophistae* or *Sophists at the Feast*, compared this story, especially its contest between Hedone and Arete (or Pleasure pitted against Virtue), to the Judgement of Paris, which he took to be its source; and cited a portion of Sophocles' now lost Satyr play *Krisis*, or *The Judgement*, which depicted "Aphrodite [who] represented Pleasure, appearing anointed with myrrh and looking at herself in a mirror", whereas "Athena represented Thought and Mind, and also Excellence, anointing herself with oil and taking exercise" (Athenaeus 15.687C, quoting Sophocles TrGF 4 F *361 Radt. The English summary of this part of the play's contents comes from Lloyd-Jones' Loeb translation of Sophocles (III 194f.).). As far back in time as Hesiod, female personifications are associated with the image of the road. In verses 216-220 of this poet's *Works and Days*, "Dike is... fully personified as a maiden whom men assault and drag from her path for their own evil purposes", though overall we are not presented with "a very coherent picture, but a nexus of related images" (I quote from M.L. West's commentary (Oxford 1978), on vv. 220 and 216.). At vv.287-92 of the same composition we find another instance of antithetical personification, Kakotes and Arete, or Vice and Virtue, again associated with road imagery. There is also early evidence from the world of visual art for the existence of another pair of contrasting female personifications, Dike and Adikia, Justice and Injustice (Pausanias 5.8.2 (= LIMC III 389 [A1]) describes such a scene on the now lost Chest of Cypselus, and two extant Attic vases from c. 520-510 (ABV 320.11 = LIMC A2 and LIMC A3) likewise show Justice and Injustice as two women, the former going for the latter with a hammer. Alan Shapiro ad loc. (LIMC p. 391) observes that there is "no literary parallel", but for analogues to the idea of divinities armed with hammers and the like cf. Lloyd-Jones, "CQ" 7, 1957, 18 = Academic Papers [I], 376. See too V. Dasen, Jumeaux, Jumelles dans l'antiquité grecque et romain (Zurich 2003), 103. Though there is no direct link with Heracles at the Crossroads, note that a famous woodcut by Albrecht Dürer (G. Bartrum, Albrecht Dürer and His Legacy [London 2002], No. 197 [p. 243, with bibliography]) has been interpreted as showing Virtue swinging a large club towards Pleasure (who is in the company of a satyr), while a youthful Heracles looks on as a nonbelligerent (so E. Panofsky, *Hercules am Scheidewege* ["Studien der Bibliothek Warburg" 18, Leipzig 1930], 161ff., summarised by the same author in *The Life and Art of Albrecht Dürer* [London 1955], 73-76).).

An Italian commentator (M. Untersteiner in his commentary on the fragments of the Sophists, first published in Florence 1949, reprinted 1961 (IV 179).) on Prodicus' tale has expressed the opinion that the central concetto of an individual faced with two paths requiring a choice between them was traditional, while the notion of two allegorical female figures and the application of the scheme to Heracles in particular was Prodicus' contribution. More than a century ago, a German scholar called W. Schultz wrote an article on Heracles at the Crossroads (*Herakles am Scheidewege,* "Philologus" 22, 1909, 488-499 (hereafter 'Schultz').) which another classicist has recently lambasted as full of "baseless speculations" ("Haltlose Spekulationen": Walter Kissel in his mammoth commentary on the Roman writer of satires Persius (Heidelberg 1990, 435f.).). Nonetheless, it contains one or two suggestive ideas which are well worth taking up and building upon. Let us begin with the implications of the imagery of the Road.

Schultz (Schultz, 498f. He drew for his information about this circle of stories upon the examples amassed in the thorough review article by R. Köhler, "Mémoires de l'Acad. Imp. De St. Pétersbourg" 19, 1873, iv-viii = *Kleinere Schriften zur Märchenforschung* I (Weimar 1898), 537-543. See now M. Scharfe in *Enzyklopädie des Märchens* s.v. "Wegkreuzung" (XIV 540 ff.). Cf. Katherine Horn in the same reference work s.v. "Jüngste, Jüngster" (VII 807 ff.).) drew attention to the fact that there exists a circle of folk-tales which have as their starting point the immemorably ancient pattern of three brothers who ride forth together on a quest (Note that this group of tales easily falls within the interpretative scope of Vladimir Propp's *Morphology of the Folk-Tale* (see below n. 28), since they commence with a lack (of some magical creature, sea horse, golden bird or the like), desiderated by the sons' father, and they end with the lack's 'liquidation'.). They come to the confluence of three roads, near which stands an inscription relating to the roads. To be more precise, the inscription describes the varying fates which will attend each individual who takes each of the three roads. Invariably, the youngest brother takes the path to which the most difficult and deadly fate is assigned, and nevertheless successfully wins the object of the quest (and, often enough. a beautiful princess into the bargain), in contrast to his elder siblings, who have opted for the easier and less threatening road or roads (See Stith Thompson, Motif Index of Folk-Literature J266: "short and dangerous or long, sure way". Cf. J21.5.2: "take side road rather than main one where three roads meet". Schultz, 493 n. 0 deduces from the evidence of such tales that the moralising tendency of Proclus' narrative is not the sophist's own invention, but was already rooted in the folk-tale.).

In fact, one can find in folk-tale the pattern of two questing brothers at the meeting of two ways which apparently fits even more closely the requirements of the story of Heracles at the Crossroads. Thus in Alexander Afanasev's famous collection of Russian folk-tales (On Afanasev's collection, which served as the basis on which Propp (above, n. 12) based his theories about the 'morphology' of the folk-tale, see my remarks in "WS" 115, 2002, 6 n. 9. The tale in question appears on p. 52 of the English translation by N. Gutterman (New York 19752).), we read of two questing brothers who come to two dividing paths and a column upon which the inscription informs them that the individual who ventures down the right hand road will receive a kingdom while he who opts for the left hand direction will have many woes and sorrows to endure, but will finally marry a beautiful princess. We have here, then, a vestige of the pattern of the more difficult road leading to greater reward, but it is largely submerged, and, as a matter of fact, the sequel shows both brothers successful in their respective fates and returning home happily. Another close analogue is to be found in the collection of tales known as The Thousand and One Nights (See the translation by E. W. Lane (London 1877), II 50.), where the story of Prince Hassan and the green bird has one hero confronted with three paths and an inscription, covering the three faces of a pyramid, telling him that one road is the road of happiness, another the road of regret, and the third the road of no return. It is this last for which the hero opts.

In Prodicus' narrative, the entire logic of the story revolves around two antithetical paths represented by two antithetical female personifications. The question has been posed (By M.V. Fox in his commentary on Proverbs 9 ("The Anchor Bible series", New York 2000), 332.) whether it is possible to assign priority to either of the motifs: did the paths ever exist independently of and prior to the women, or was the reverse perhaps the case? The folk-tales considered above might be taken to suggest the former possibility: in their narratives the crucial information about each of the paths is conveyed by an inanimate inscription which fulfils the same explanatory function as the articulate women in Prodicus' narrative. But a story-pattern deriving from the Ancient Near East suggests that the role of the women may have been present from very early on in the tale's development, and even connected with road imagery from the very start (M.P. Zehnder, Wegmetaphorik im Alten Testament ("Beihefte zur Zeitschrift für die alttestamentliche Wissenschaft" 268, Berlin-New York 1999), esp. 563ff. and 573ff. Cf. my remarks in "CQ" 53, 2003, 40f. and in "SCO" 49, 2003, 159-163.). The Old Testament's Book of Proverbs 9.16ff. presents us with a picture of two women, Lady Wisdom and Lady Folly, calling to passers by in the street, a picture that seems to prefigure Heracles' encounter with Virtue and Vice.

Prodicus' female figures have been associated with the image of the road by a different line of argument. At some time in antiquity, the letter Y became established, for obvious reasons, as an apt symbol for the two diverging roads which confronted Heracles and, indeed, mankind in general, near the start of adult existence (See Kissel as cited above (n. 10) and W. Harms, Homo Viator in Bivio: Studien zur Bildlichkeit des Weges (Munich 1970), esp. 29-35.). So we find the Christian apologist Lactantius (250-325) writing in his Divinae Institutiones 6.3 as follows: humanam vitam progredi necesse est: una, quae in caelum ferat; altera, quae ad inferos deprimit... et quidam philosophi alteram virtutum esse voluerunt, alteram vitiorum... dicunt enim humanae vitae cursum Y litterae esse similem, quod unus quisque hominum, cum primae adulescentiae limen attigerit et in eum locum venerit, 'partes ubi se via findit in ambas' haereat nutabundus ac nesciat, in quam se partem potius inclinat.

There is no means by which we can tell whether this letter symbolism already existed at the time Prodicus composed his Heracles allegory, and, if so, whether he exploited it. Schultz, however, was impressed by the way in which the letter Y also became associated with the shape of a tree, more specifically the Tree of Life (or Lebensbaum) and he connected this (Schultz, 498.) with the primeval and widely disseminated notion of a World Tree (On the folk-tale concept of the 'World Tree' see W. Brückner's article in Enzyklopädie des Märchens s.v. "Lebensbaum" (VIII 821), M.P. Nilsson, The Minoan-Mycenean Religion and its Survival in Greek Religion (Lund 1950²), 44f., etc.), whose leaves are somehow revelatory of human destiny and in or beneath which sit a duo or trio of numinous female divinities such as the Norns of Norse mythology (For the significance of the Norns it is still worth reading Jacob Grimm's Deutsche Mythologie I (Göttingen

18443) 346ff. = Teutonic Mythology I 405-417. See further the article by R.W. Brednich s. v. 'Schicksalfrauen' in Enzyklopädie des Märchens, XI 1395-1404.), who lived by the root of the ash-tree Yggdrasil.

Whatever one may think of this idea, another relevant tale can be cited involving a trio of numinous female deities who reveal to two mortals their future destiny. Even though this story does not specifically contain the image of a crossroad (or of a tree), its contents can be shown to be most pertinent to our enquiry. It is the well known encounter of Macbeth and Banquo with the three weird sisters. Best known, of course, from Shakespeare's treatment, but for our comparative purposes it will be better to refer to the Chronicles of Holinshed which were the playwright's source, even though this will involve us in some pretty lengthy direct quotation (G. Bullough, Narrative and Dramatic Sources of Shakespeare VII (London 1975), 494f. Given my remark about the absence of any tree imagery in this story, it may seem relevant to observe that, in the often reproduced woodcut which accompanies as illustration Holinshed's account of Macbeth and Banquo's adventure, the three weird sisters—who are magnificently dressed, incidentally, in a manner not at all suggestive of modern ideas about witches—are presented as standing beside a most impressive tree. But the picture is apparently a standard one which recurs elsewhere in the edition of Holinshed's work, and indeed, in other works besides.):

It fortuned as Macbeth and Banquho iournied towards Fores, where the king then onlie, they went sporting by the waie togither without other companie, save onlie themselves, passing thorough the woods and fields, when suddenlie in the middest of a laund, there met them three women in strange and wild apparel, resembling creatures of elder world, whome when they attentivelie beheld, woondering much at the sight, the first of them spake and said: All haile Macbeth, thane of Glammis.... The seconde of them said: Haile Macbeth, thane of Cawder. But the third said: All haile Macbeth, that hereafter shalt be king of Scotland.

Then Banquho: What manner of women (saith he) are you, that seeme so little favourable unto me, whereas to my fellow heere, besides highe offices, ye assigne also the kingdome, appointing foorth nothing for me at all? Yes (saith the first of them) we promise greater benefits unto thee, than unto him. For he shall reigne in deed, but with an unluckie end: neither shall he leave anie issue behind him to succeed in his place, where contrarilie thou in deed shalt not reigne at all, but of thee those shall be borne which shall govern the

Scottish kingdome by long order of continuall descent. Herewith the foresaid women vanished immediately out of their sight. This was reputed at the first but some vaine fantasticall illusion by Macbeth and Banqho.... But afterwards the common opinion was, that these women were either the weird sisters, that is... the goddesses of destinie, or else some nymphs or feiries, indued with knowledge of prophesie by their necromanticall science.

Although – to repeat the point – no road imagery as such is used in this passage, it is impossible not to detect a vestige of folk-tale's two contrasting paths, one of seeming advantage but actually leading to doom (Macbeth's), the other disappointing in the short term but, to the longer vision, bringing greater boons (Banquo's) (See my remarks in "CQ" 53, 2003, 37f., where I more specifically compare Macbeth's role in the story to that of Paris in his particular life-choice. Note that in Shakespeare's treatment there is a vestige of road imagery with the reference to "the primrose way to the everlasting bonfire" in the famous "Porter's Scene" (II.iii.20). See the article just cited, 38 n. 33.). No wonder one of the identifications offered for the weird sisters who deliver this prophecy was, in a term reminiscent of the aforementioned Norns, "the goddesses of Destiny" (There is an even closer equivalence, since the English word 'weird' derives from Urdr, the name of the eldest and most formidable Norn, as Grimm points out (n. 21 above), 348 = 407.). The paradox inherent in the story (Shakespeare's Banquo is hailed by the sisters [I.iii.65f.] as "Lesser than Macbeth and greater, / Not so happy, yet much happier") matches precisely that in the story of Heracles' choice, where the hero turns down immediate gain in favour of longer term benefits." (Malcolm Davies, " *The hero at the crossroads: Prodicus and the Choice of Heracles*", file:///C:/Users/hp/Downloads/13310-25244-1-SM.pdf)

[75]"After killing his music tutor Linus with a lyre, Hercules was sent to tend cattle on a mountain by his foster father Amphitryon. Here, according to an allegorical parable, "The Choice of Heracles", invented by the sophist Prodicus (ca. 400 BCE), he was visited by two nymphs - Pleasure and Virtue - who offered him a choice between a pleasant and easy life or a severe but glorious life: he chose the latter. Much of the content, if not the actual words, of one of his rhetorical displays are known today. The speech was apparently a fable detailing the education of Hercules by Virtue. The text of the fable is to be found in the Memorabilia of Xenophon, Chapter 2.1.21-30.

The Excerpt:

.....21. Prodicus the sophist, also, in his narrative concerning Hercules, which indeed he declaims to most people as a specimen of his ability, expresses a similar notion respecting virtue, speaking, as far as I remember, to the following effect: For he says that Hercules, when he was advancing from boyhood to manhood, a period at which the young, becoming their own masters, begin to give intimations whether they will enter on life by the path of virtue or that of vice, went forth into a solitary place, and sat down, perplexed as to which of these two paths he should pursue; 22. and that two female figures, of lofty stature, seemed to advance towards him, the one of an engaging and graceful mien, gifted by nature with elegance of form, modesty of look, and sobriety of demeanor, and clad in a white robe; the other fed to plumpness and softness, but made up both in her complexion, so as to seem fairer and rosier than she really was, and in her gesture, so as to seem more upright than she naturally was; she had her eyes wide open, and a robe through which her beauty would readily show itself; she frequently contemplated her figure, and looked about to see if any one else was observing her; and she frequently glanced back at her own shadow. 23. As they approached nearer to Hercules, she, whom I first described, came forward at the same pace, but the other, eager to get before her, ran up to Hercules, and exclaimed, "I see that you are hesitating, Hercules, by what path you shall enter upon life; if, then, you make a friend of me, I will conduct you by the most delightful and easy road, and you shall taste of every species of pleasure, and pass through life without experiencing difficulties. 24. In the first place, you shall take no thought of wars or state affairs, but shall pass your time considering what meat or drink you may find to gratify your appetite, what you may delight yourself by seeing or hearing, what you may be pleased with smelling or touching, with what objects of affection you may have most pleasure in associating, how you may sleep most softly, and how you may secure all these enjoyments with the least degree of trouble. 25. If an apprehension of want of means, by which such delights may be obtained, should ever arise in you, there is no fear that I shall urge you to procure them by toil or suffering either of body or mind; but you shall enjoy what others acquire by labor, abstaining from nothing by which it may be possible to profit, for I give my followers liberty to benefit themselves from any source whatever."

26. Hercules, on hearing this address, said, "And what, O woman, is your name?" "My friends," she replied, "call me Happiness, but those who hate me, give me, to my disparagement, the name of Vice."

27. In the meantime the other female approached, and said, "I also am come to address you, Hercules, because I know your parents, and have observed your disposition in the training of your childhood, from which I entertain hopes that if you direct your steps along the path that leads to my dwelling, you will become an excellent performer of whatever is honorable

and noble, and that I shall appear more honorable and distinguished in goodness. I will not deceive you, however, with promises of pleasure, but will set before you things as they really are, and as the gods have appointed them; 28. for of what is valuable and excellent, the gods grant nothing to mankind without labor and care; and if you wish the gods, therefore, to be propitious to you, you must worship the gods; if you seek to be beloved by your friends, you must serve your friends; if you desire to be honored by any city, you must benefit that city; if you claim to be admired by all Greece for your merit, you must endeavor to be of advantage to all Greece; if you are anxious that the earth should yield you abundance of fruit, you must cultivate the earth; if you think that you should enrich yourself from herds of cattle, you must bestow care upon herds of cattle; if you are eager to increase your means of war, and to secure freedom to your friends and subdue your enemies, you must learn the arts of war, and learn them from such as understand them, and practice how to use them in the right way; or if you wish to be vigorous in body, you must accustom your body to obey your mind, and exercise it with toil and exertion."

29. Here Vice, interrupting her speech, said (as Prodicus relates), "Do you see, Hercules, how difficult and tedious a road to gratification this woman describes to you, while I shall lead you, by an easy and short path, to perfect happiness?"

30. "Wretched being," rejoined Virtue, "of what good are you in possession? Or what real pleasure do you experience, when you are unwilling to do anything for the attainment of it? You, who do not even wait for the natural desire of gratification, but fill yourself with all manner of dainties before you have an appetite for them, eating before you are hungry, drinking before you are thirsty, procuring cooks that you may eat with pleasure, buying costly wines that you may drink with pleasure, and running about seeking for snow in summer; while, in order to sleep with pleasure, you prepare not only soft beds, but couches, with rockers under your couches, for you do not desire sleep in consequence of labor, but in consequence of having nothing to do; you force the sensual inclinations before they require gratification, using every species of contrivance for the purpose, and abusing male and female; for thus it is that you treat your friends, insulting their modesty at night, and making them sleep away the most useful part of their day. 31. Though you are one of the immortals, you are cast out from the society of the gods, and despised by the good among mankind; the sweetest of all sounds, the praises of yourself, you have never heard, nor have you ever seen the most pleasing of all sights, for you have never beheld one meritorious work of your own hand. Who would believe you when you give your word for anything? Or who would assist you when in need of anything? Or who, that has proper feeling, would venture to join your company of revellers? for while they are young they grow impotent in body, and when they are older they are impotent in mind; they live without labor, and in fatness, through their youth, and pass laboriously, and in wretchedness, through old age; ashamed of what they have done, oppressed with what they have to do, having run through their pleasures in early years, and laid up afflictions for the close of life. 32. But I am the companion of the gods; I associate with virtuous men; no honorable deed, divine or human, is done without me; I am honored, most of all, by the deities, and by those among men to whom it belongs to honor me, being a welcome co-operator with artisans, a faithful household guardian to masters, a benevolent assistant to servants, a benign promoter of the labors of peace, a constant auxiliary to the efforts of war, an excellent sharer in friendship. 33. My friends have a sweet and untroubled enjoyment of meat and drink, for they refrain from them till they feel an appetite. They have also sweeter sleep than the idle; and are neither annoyed if they lose a portion of it, nor neglect to do their duties for the sake of it. The young are pleased with praises from the old; the old are delighted with honors from the young. They remember their former acts with pleasure, and rejoice to perform their present occupations with success; being, through my influence, dear to the gods, beloved by their friends, and honored by their country. And when the destined end of life comes, they do not lie in oblivion and dishonor, but, celebrated with songs of praise, flourish for ever in the memory of mankind. By such a course of conduct, O Hercules, son of noble parents, you may secure the most exalted happiness."

34. Nearly thus it was that Prodicus related the instruction of Hercules by Virtue; adorning the sentiments, however, with far more magnificent language than that in which I now give them. It becomes you, therefore, Aristippus, reflecting on these admonitions, to endeavor to think of what concerns the future period of your life." (http://heraklesxenophon.blogspot.com/)

[76]https://www.louvre.fr/en/oeuvre-notices/choice-hercules

[77]" *Scholars have realised that Prodicus cannot have invented out of thin air each and every one of the details of the story; in particular, they have appreciated that many of its features are redolent of folk-tale. But how to decide which parts are traditional, which original? Already in antiquity, the second century A.D. author Athenaeus, in his entertaining Deipnosophistae or Sophists at the Feast, compared this story, especially its contest between Hedone and Arete (or Pleasure pitted against Virtue), to the Judgement of Paris, which he took to be its source; and cited a portion of Sophocles' now lost Satyr play Krisis, or The Judgement, which depicted "Aphrodite [who] represented Pleasure, appearing anointed with myrrh and looking at herself in a mirror", whereas "Athena represented Thought and Mind, and also Excellence, anointing herself with oil and taking exercise" (Athenaeus 15.687C, quoting Sophocles TrGF 4 F *361 Radt. The English summary of*

this part of the play's contents comes from Lloyd- Jones' Loeb translation of Sophocles (III 194f.).)." (Davies)

[78] http://heraklesxenophon.blogspot.com/

[79] https://fr.wikipedia.org/wiki/Linos_fils_de_Calliope

[80] http://heraklesxenophon.blogspot.com/

[81] *"Un emblème de Quarles montre ainsi, pour illustrer un verset du psaume XVIII ("the sorrowes of hell have encompassed me the snares of death have over- taken me"), une chasse infernale dont l'appât est un luth. Le luth, le symbole de l'harmonie par excellence, et qui exprime aussi bien la musique des sphères qu'il symbolise, dans les emblèmes d'Alciat, l'harmonie politique (Foedera)... Cependant, dans l'emblème de Quarles, l'instrument est placé dans le piège où une âme est prise; il symbolise les pièges des sens, et la toile d'araignée, en haut à droite, rappelle la perfidie de ce piège infernal: comme elle, le luth est dissimulé dans la verdure derrière un arbre.*

La musique du diable est marquée au coin de cette perfidie, de cette duplicité. La musique suave du démon est un piège que détaillent magiciens et — surtout — magiciennes." (Claire Bardelmann, *""Musicke in some ten langages": les musiques du diable dans le théâtre élisabéthian"*, *Enfers et délices à la Renaissance*, Presses Sorbonne Nouvelle, 2003 p. 22)

[82] https://en.wikipedia.org/wiki/The_Choice_of_Hercules

[83] Charles-Auguste Auber, *Histoire et théorie du symbolisme religieux avant et depuis le Christianisme*, Paris, Librairie A. Franck et Poitiers, A. Dupré, 1871, T. III, pp. 182 et 567.

[84] Jean Paquereau, avec la contribution de Bernard Fleury et Jean Adnet, *Au jardin des plantes de la Bible: botanique, symboles et usages*, CNPF-IDF Centre National de la Propriété Forestière - Institut pour le Développement Forestier, 2016, p. 319.

[85] *Choice Emblems*, p. 8.

[86] https://commons.wikimedia.org/wiki/File:Gerard_de_Lairesse_-_Hercule_entre_le_Vice_et_le_Vertu.JPG

[87] https://www.wga.hu/html_m/b/baglione/hercules.html

[88] https://fr.wikipedia.org/wiki/Fichier:Pompeo_batoni_-_Hercules_at_the_crossroads.jpeg

[89] http://www.nationaltrustcollections.org.uk/object/732103

[90] Cf., dans la présente Collection, notre ouvrage sur *Le Cuirassier blessé*.

[91] *"Philip III (1578-1621) was the son of Philip II and his fourth wife, Anne of Austria. Tiel portrays Philip while he was heir to the throne. He is depicted standing, full-length, and wearing an elaborate suit of Milanese armour and a helmet. Like Hercules at the*

Crossroads, he must choose between Virtue and Vice, helped by Chronos who pushes Cupid away while bringing the figure of Virtue closer to the prince. Virtue is depicted with the attributes of the Four Cardinal Virtues: the scales (Justice), the caduceus (Prudence), the sword (Fortitude), and the horse's reins (Temperance)." (https://www.museodelprado.es/en/the-collection/art-work/allegory-of-the-education-of-philip-iii/ced64564-548c-4754-850a-24ab222e586d)

[92] Auguste Pelet, "*Inscriptions antiques que renferme le cavaedium de la Porte d'Auguste*", *Mémoires de l'Académie de Nîmes*, 1849-1850, Nîmes, C. Durand-Belle, Imprimeur, 1850, p. 28.

[93] *Andreae Vesalii Brvxellensis, Scholae medicorum Patauinae profefforis, de Humani corporis fabrica Libri septem*, Bâle, Ex officina Ioannis Oporini, 1543, p. 164.

[94] Albert Charles Hamilton, *The Spenser Encyclopedia*, University of Toronto Press, 1997, p. 653; Susan Snyder, *Pastoral Process: Spenser, Marvell, Milton*, Stanford University Press, 1998, p. 25.

"*La imagen de la portada de Las muecas de los días titulada 'Humani corporis ossium caeteris quas sustinent partibus liberorum suaque sede positorum ex latere delineati' aparece en la página 164 del libro de Vesalius y ha sido digitalizada por la Historical Medical Library of The College of Physicians of Philadelphia.../...*

'Vivitur ingenio, caetera mortis erunt' (sobrevive el talento, todo lo demás será de la muerte), la leyenda que figura en el grabado original, es un verso de la 'Elegía del Mecenas'. Según los expertos, esta obra está atribuida al poeta latino Virgilio por error de la tradición recogida en los códices Bruxelensis y Vaticanus. La muerte se apoya pensativa sobre la piedra acariciando un cráneo. Además de recordarnos lo inútil de la vanidad económica, política y social que rodea nuestras vidas y nuestras preocupaciones, es una alabanza al talento del artista y al mecenas que lo impulsa." (http://juan-m-alcala-peralvarez.tumblr.com/post/136213843726/vivitur-ingenio-caetera-mortis-erunt)

"*Em 1545 é publicada a primeira edição do livro De humani corporis fabrica, de Andreas Vesalius. Uma das suas mais célebres gravuras representa um esqueleto que, melancolicamente, apoia o próprio crânio em uma das mãos enquanto se apoia sobre uma tumba onde se lê a inscrição latina: vivitur ingenio, caetera mortis erunt ("vive-se pelo engenho, todo o resto é mortal"). Curiosamente, na De humani corporis fabrica librorum epitome, publicada poucas semanas depois da Fabrica, Vesalius reproduz a mesma estampa com uma inscrição diferente na tumba: solvitur omne decus leto niveosque per artus it Stygius color et formae populatur honores ("A morte roubou-lhe toda a beleza; um tom estígio espalhou-se sobre sua nívea pele e destruiu sua formosura"). Este artigo centra-se na análise destas duas estampas no âmbito da tradição de representações da melancolia e* da vanitas durante o século *XVI*" (Maria Berbara, "*"Vivitur ingenio, caetera mortis erunt": Andreas Vesalius e a representação da melancolia e da vanitas no século XVI europeu*", Anamorfoçe - Revista de Estudios Modernos, Vol. 2, No 1, 2014, pp. 21-36)

[95] Gabriel Rollenhagen, *Nucleus emblematum selectissimorum quae Itali vulgo impresas vocant priuata industria, studio singulari, vndiq₃ conquisitus, non paucis venustis inuentionibus auctus, additis carminib illustratus*, Cologne, E Mufaeo coelatorio Crispiani Passaei Prostant apud Ioáné Ianfoniú bibliopolá Arnhemiésé, 1611, Emblème 1, s/n.

[96] George Wither, *A collection of emblemes, ancient and moderne: Quickened VVith Metricall Illustrations, both Morall and Divine: and disposed into Lotteries*, Londres, Printed by A[ugustine]. M[athewes]. for Henry Taunton, 1635, p. 1.

[97] Cf., dans la présente Collection, notre ouvrage sur cette oeuvre.

[98] https://gallica.bnf.fr/ark:/12148/btv1b102037628.item

[99] *Devises heroïques, par M. Claude Paradin Chanoine de Beaujeu*, Lyon, Par Ian de Tovrnes, et Gvil Gazeav, 1557, p. 152: "*La chaussetrape, de sa forme, est tousjours dangereuse: & preste à nuire, en quelque lieu qu'elle tombe, pour avoir une pointe aigue & droite dessus. Aussi les malicieus & meschans, ne se trouvent jamais sans porter un malencontre à ceus qui les suivent & frequentent. Ce furent telles chaussetrapes, qui furent gettees à travers les rues de Paris, par les meurtriers du Duc Louïs d'Orleans (ci devant mencionné[2]) à ce qu'on ne les suivist.*"

[100] Cf. Sara Agnoletto, "*Hermes versus Fortuna - Un percorso interpretativo sul tema della fortuna nel Rinascimento*", http://www.engramma.it/eOS/index.php?id_articolo=1111

[101] Cf., dans la présente Collection, notre ouvrage sur Andrea Mantegna.

[102] Wither, p. 228.

[103] "*Cet ivoire sculpté de 53 cm de haut figure dans "D'un regard l'autre. Histoire des regards européens sur l'Afrique, l'Amérique et l'Océanie" sous la direction d'Yves Le Fur (Musée du Quai Branly, Paris, 2006, 350 pages).*" (http://wodka.over-blog.com/article-1613410.html)

[104] https://www.pinterest.ph/pin/4714774583915499/

[105] https://www.pinterest.com/pin/511369732661285191/

[106] "*Nec nimio tum plus, quam nunc, mortalia secla Dulcia linquebant lamentis lumina vitae. Pourtant, alors, le troupeau des hommes ne quittait guère en plus grand nombre que de nos jours, au milieu des pleurs, la douce lumière de la vie.*" (*Lucrèce, Virgile, Valérius Flaccus, oeuvres complètes avec la traduction en français, sous la direction de M. Nisard*, Paris, Garnier frères, 1850, p. 108)

[107] http://www.skuola.net/versioni-latino/lucrezio/de-rerum-natura/libro-5/versi-988-1010

[108] Cf. Siciliano, p. 237.

[109] Comparer *ibid.*, p. 239, à Boèce, *La Consolation de Philosophie*, Marseille et Paris, Rivages, 1989, p. 112.

[110] Brant, pp. à 200 à 205.

[111] *Ibid.*, pp. 201-202.

[112] Cf. Siciliano, pp. 308-309.

[113] Cf. *ibid.*, par ex. pp. 231, 237, 247-248, 259, 264, 289 et 291. On notera que l'on trouve parfois la traditionnelle énumération des classes sociales déclinée au féminin, cf. *ibid.*, p. 248, de l'impératrice à la bergère (équivalent féminin donc du berger de Brueghel, de Rollenhagen ou de Van Veen).

[114] Siciliano, *ibid.*, par ex. pp. 252 à 255.

[115] *Ibid.*, par ex. pp. 250, 294 et 299 sur l'avarice, et par ex. pp. 256 et 270 pour la gloire et l'orgueil. De plus, comme la Fortune s'identifie à la Nature chez Lucrèce entre autres, cf. note 60 *supra*, il en va de même au Moyen Age, aussi bien au travers de l'identification entre la Fortune et la Terre-Mère, cf. *ibid.*, p. 304, qu'entre la Mort et la Terre-Mère, *ibid.*, p. 277.

[116] Cité *in ibid.*, p. 256.

[117] Ainsi par exemple dans son chapitre 29 "*Des fous pharisaïques*", Brant, pp. 109 à 111, dont on a vu la forte logique interne du texte, fait directement référence à l'iconographie (dans la gravure) et aux thèmes (dans l'explication) de l'*Ars moriendi*. C'est aussi selon cette grille de lecture que s'interprète l'emblème de Baudoin, IIème partie, pp. 436 à 444, qui montre un personnage s'accrochant à un arbre penché au-dessus du vide dont il manque sans cesse tomber, et qui explique que celui qui reste inébranlablement fidèle à son prince (et donc qui s'accroche métaphoriquement aux branches de l'arbre) ne chutera pas, au contraire de celui qui cherche à la tromper. On peut aisément rapprocher cet emblème, tant par son iconographie que par sa légende, de ceux montrant la chute d'Icare comme le symbole de l'homme qui s'éloigne de Dieu. Dès lors non seulement, comme on le voit à travers l'exemple de Villon, le thème des princes vaniteux qui oublient Dieu se conçoit comme un exemple extrême de la désobéissance de l'humanité envers Dieu, mais encore le thème des serviteurs infidèles à leurs princes répond à celui des hommes infidèles à Dieu. C'est donc à double titre, par comparaison entre l'infidélité envers le prince et celle envers Dieu et par accentuation de la critique de la convoitise des hommes, que la stigmatisation des puissants se confond avec celle de l'éloignement de Dieu.

[118] Cf. Siciliano, par ex. p. 307, et note 42 et texte correspondant *supra*.

[119]Cf. Brant, p. 329. Associé par Brant, *ibid.*, pp. 34 et 329, à la femme de Lot.

[120]Cf. Siciliano, p. 259.

[121]Comparer *ibid.*, et Brant, p. 134.

[122] On notera ainsi que dans beaucoup de religions, le Déluge fait partie d'un cycle génésiaque dans lequel le père de l'humanité est le même, et non distinct entre la première genèse et la seconde (représentée donc par le Déluge) comme c'est le cas dans la *Bible*, au travers des figures d'Adam et de Noé, cf. *Encyclopaedia Universalis*, éd. de 1968, t. 5, art. "*Déluge (Mythes du)*", pp. 405-406.

[123]Cf. Siciliano, pp. 274-275 et note 1 p. 275.

[124]De plus, comme on l'a vu note 52 *supra*, Henricus Septimellensis, remplace l'idée d'un pouvoir bipartite (à la fois maritime et terrestre) de la Fortune, dont on a aussi vu qu'il est au centre du tableau de Brueghel et des emblèmes d'Alciati, de Flamen et de Rollenhagen, par la mise en parallèle du travail de Fortune, "*déesse la plus puissante du monde*", avec ceux du "*soldat,* (du) *pêcheur,* (et du) *clerc*", cf. Siciliano, *ibid.*, p. 285, c'est-à-dire par la constatation de son pouvoir trifonctionnel. Il en découle logiquement que la critique par Villon et la plupart des auteurs cités des princes et des ecclésiastiques, plus que de rendre compte d'un véritable désaveu littéraire des fondements religieux et/ou politiques de la société médiévale, sert avant tout à mettre en évidence le caractère trifonctionnel de la déesse Fortune, comme c'est le cas chez Henricus Septimellensis.

[125]Franz Cumont, *Recherches sur le symbolisme funéraire des Romains*, Paris, Librairie Orientaliste Paul Geuthner, 1966, p. 166.

[126]*Ibid.*, pp. 74-75.

[127]*Ibid.*, p. 166.

[128]*Ibid.*, pp. 105 et 167ss.

[129]*Ibid.*, pp. 16-17.

[130]*Ibid.*

[131]Cf. *Encyclopaedia Universalis*, p. 406.

[132]Lucrèce, p. 167 et note 36 p. 241.

[133]Aghion, Barbillon et Lissarrague.

[134]Panofsky, *Le Titien - Questions d'iconologie*, Paris, Hazan, 1989, pp. 210-213; repris par Aghion, Barbillon et Lissarrague, art. "*Icare*", "*Ixion*", "*Sisyphe*", "*Tantale*" et "*Tityos*", pp. 167, 275, 278 e "286-287.

[135]Panofsky, *Le T8 ien...*, *ibid.*.; et Aghion, Barbillon et Lissarrague, *ibid.*, pp. 275 et 286-287. On notera que Rollenhagen, Ière partie, emblème 57, identifie la roue de Fortune à celle d'Ixion, le texte, ainsi que la typologie des emblèmes, comparer à *ibid.*, emblème 6, cf. aussi note 36 *supra*, en faisant le symbole de la Némésis divine punissant les hommes.

[136] Aghion, Barbillon et Lissarrague, p. 163.
[137] *Ibid.*, p. 167.
[138] André-Marie Gerard, Andrée Nordon-Gerard et P. Tollu, *Dictionnaire de la Bible*, Paris, Robert Laffont S.A., 1989, art. "*Sodome*", p. 1292 à 1294, notamment p. 1293.
[139] Cf. Panofsky, *Essais d'iconologie*, note 2 p. 302.
[140] Lucrèce, p. 167.
[141] *Ibid.*, p. 190.
[142] *Ibid.*, p. 191.
[143] *Ibid.*, pp. 192-193.
[144] *Ibid.*, p. 193.
[145] *Ibid.*, pp. 193-194.
[146] *Ibid.*, p. 194.
[147] *Ibid.*, pp. 201 à 203.
[148] *Ibid.*, pp. 200-201.
[149] *Ibid.*, p. 216.
[150] *Ibid.*, p. 220.
[151] *Ibid.*, p. 221.
[152] *Ibid.*, p. 188.
[153] *Ibid.*, p. 158.
[154] *Ibid.*, p. 185.
[155] Panofsky, *Essais d'iconologie*, chap. II "*Les origines de l'histoire humaine: deux cycles de tableaux par Piero di Cosimo*", pp. 53 à 104.
[156] *Ibid.*, pp. 57-58ss.
[157] *Ibid.*, pp. 57 à 62, et plus précisément pp. 60-61.
[158] *Ibid.*, p. 69.
[159] *Ibid.*, p. 64.
[160] *Ibid.*, pp. 64-65 et fig. 24.
[161] Cf. Cumont, pp. 104 à 106ss. et 166. Cf. aussi Jean Prieur, *La mort dans l'antiquité romaine*, Rennes, Ouest-France Université, 1986, par ex. pp. 106 à 110ss.
[162] Cf. Cumont, termes "*Navire*", "*Navigation*" et "*Laboureur*" de l'"*Index général*", et pp. correspondantes dans le texte.
[163] Cité dans Bianconi et Tolnay, p. 92.
[164] Cf. Ovide, note 446 p. 434.
[165] Sur ce point, on l'a vu aussi, le tableau de Brueghel, comme l'image de Flamen, pp. 46 à 48, se distingue par exemple de sa copie au symbolisme malhabile par C. Saraneci, cf. notes 21-22 et texte correspondant *supra*.

[166] Comme l'atteste peut-être le fait qu'on le retrouve dans les deux versions de *La Chute d'Icare* de Brueghel, ainsi qu'on l'a dit, alors qu'il n'apparaît apparemment nulle part ailleurs, ni dans l'art ni dans les livres d'emblèmes, ni même dans les textes littéraires, ce qui confirmerait le caractère non mythologique, mais plutôt donc symbolique, du personnage. De fait, la mise en parallèle entre la Mort et le laboureur est un thème classique de la période moderne, tant en art qu'en littérature, cf. sur ce sujet le joli article du Dr Michel Carlier, "*La Mort et le Bûcheron - De l'indifférence à l'effroi - Chez les fabulistes français - Dans les Triomphes italiens de la Mort - A travers les Danses Macabres*", en fin des *Actes du 4ème congrès de l'Association des "Danses Macabres d'Europe"*, Kientzheim, 3-7 Oct. 1990 (sans numérotation continue).

[167] Dont l'action s'identifie même chez les poètes du Moyen Age et de la Renaissance à la Mort, cf. Siciliano.

[168] N° 17a du catalogue de Elena Capretti et Anna Forlani Tempesti, *Piero di Cosimo*, Paris, Philippe Lebaud - Editions du Félin, 1996, pp. 109-112 et fig. pp. 42-43. Cycle qui par ailleurs est à la base de l'interprétation du chapitre II des *Essais d'iconologie* de Panofsky, cf. notes 140ss. et texte correspondant *supra*.

[169] Ainsi que par le fait que le Christ renaît, ce qui n'est ni le cas d'Icare ni celui de Phaëton. En cela les théologiens et mythographes de la Renaissance sont plus fidèles à la lettre de leurs légendes. Mais cela ne semble pas devoir être l'élément le plus décisif dans la mesure où Phaëton est, comme Icare, identifiable à un dieu de la *renovatio*. Pour Phaëton, nous l'avons vu à propos des sarcophages romains et du mythe du Déluge, cf. notes 107 à 117 et 137-138 et texte correspondant *supra*. En ce qui concerne Icare, la confusion d'Icarius, premier hôte de Bacchus indien, qui répandit l'utilisation de la vigne chez les hommes (ce qui lui valut de mourir), vénéré en Attique avec sa fille Erigoné comme dieu du vin, auquel on offrait ses prémisses - il est donc un parèdre des divinités du blé, comme le note James George Frazer, *Le Rameau d'Or*, Paris, Robert Laffont S.A., 1983, 4 vol., t. III, p. 278, mais aussi, comme eux, un parangon du Christ -, avec Icare, le fils de Dédale, et avec Bellérophon, parangon du Phrygé de *La Paix* d'Aristophane (dont le nom en grec signifie Vendange), cf. Aristophane, *OEuvres complètes*, trad. C. Poyard, Paris, Librairie Hachette, 1892, p. 200 et note 1 p. 198, mais aussi, comme Icarius, du Christ pour les chrétiens primitifs à cause de sa mort et de sa résurrection dans la chair, cf. Marcel Simon, "*Bellérophon chrétien*", *Mélanges d'archéologie, d'épigraphie et d'histoire offerts à Jérôme Carcopino*, Paris, Librairie Hachette, 1966, pp. 889 à 903, la confusion donc d'Icarius, avec Icare et avec Bellérophon est vivace jusque chez les contemporains, ainsi que le confirment les assertions de Frazer, Claude Gaignebet et J.-Dominique Lajoux, *Art profane et religion populaire au Moyen Age*, Paris, P.U.F., 1985, p. 102, Fr. Noël, *Dictionnaire de la Fable ou*

Mythologie Grecque, Latine, Egyptienne, Celtique, Persanne, Syriaque, Indienne, Chinoise, Scandinave, Africaine, Américaine, Iconologique, etc., Paris, Le Normant Imprimeur-Libraire, 1801, 2 vol., t. II, art. "*Icare*", pp. 57-58, et Poyard.

[170]Dont on sait que le Christ est une expression, d'origine vraisemblablement mithriaque, cf. par ex. Cumont, et surtout Ch. F. Dupuis, *Origine de tous les cultes ou Religion universelle*, Paris, Librairie Etienne Ledoux, 1835, 10 vol. Sur cette opposition (fallacieuse, cf. notamment Dupuis, *ibid.*) de nature entre le Christ et ses modèles (les dieux antiques saisonniers), prônée par les théologiens chrétiens pour vaincre le polythéisme (non seulement dans les premiers temps de l'Eglise, mais aussi, comme on le sait, à la Renaissance, où le regain d'intérêt pour les dieux gréco-romains fut très vif chez les nobles et les artistes, ce qui, associé au développement de la sorcellerie dans les milieux défavorisés, fit craindre aux ecclésiastiques une dérive du peuple), cf. aussi par ex. Aline Rousselle, *Croire et Guérir - La foi en Gaule dans l'Antiquité tardive*, Paris, Librairie Arthème Fayard, 1990, et notes 123-124 et texte correspondant *supra*.

[171] Ce qui néanmoins révèle sans doute aussi une communauté d'inspiration des deux thèmes chez Brueghel. Il a ainsi très bien pu imiter un groupe d'oeuvres, antique ou moderne, composé des versions de chacun de ces deux mythes.

[172]Qui avaient déjà noté le lien entre les iconographies de *Pandore amenée sur terre par Mercure* et de *L'Enlèvement de Psyché*, tant dans les poses des protagonistes de chacun de ces thèmes que dans le fait que la *pyxis* fut faussement attribué par l'art moderne à Pandore (ce dont Erasme semble en premier être le premier responsable), à cause justement de Psyché, cf. Dora et E. Panofsky, *La boîte de Pandore*, Paris, Hazan, 1990, chap. II "*L'origine de la "boîte": Erasme de Rotterdam*", pp. 16 à 27.

[173] Véronique Gély-Ghédira, "*Pandore et Psyché - Sources néo-platoniciennes de la rencontre des deux mythes dans l'art de la Renaissance*", *Revue de Littérature Comparée - Recherches comparatistes de la Renaissance à nos jours*, n° 1, Janvier-Mars 1991, pp. 21 à 32.

[174]D. et E. Panofsky, chap. I "*Pandore dans la tradition médiévale*" et II, pp. 12 à 27.

[175]Problématique dont le sens apparaît évident dans le contexte de l'émergence de la société bourgeoise, notamment dans les Pays-Bas de la fin du Moyen Age et de l'ère moderne, cf. en particulier sur les conséquences psychologiques et sociales de ce phénomène au XVIIème siècle Simon Schama, *L'embarras de richesses - La culture hollandaise au Siècle d'Or*, Paris, Gallimard, 1991.

[176]Cette dialectique purement théologique fut notablement réutilisée dans une perspective politique, à la manière dont a pu l'être la mythologie classique, ainsi que l'a brillamment montré Erwin Panofsky, en particulier dans son interprétation en collaboration avec son

épouse Dora de la Galerie François Ier de Fontainebleau, intitulée *Etude iconographique de la Galerie François Ier à Fontainebleau*, Gazette des Beaux-Arts, 1958, trad. Brionne, Gérard Monfort, 1992. On trouve en effet dans le *Recueil de devises à la gloire de Louis XIV et de la famille royale*, conservé au Cabinet des Estampes de la Bibliothèque Nationale de France, une devise du XVIIème siècle intitulée "*Eclat dangereux*", représentant un papillon prêt de se brûler les ailes à la flamme d'une bougie, et dont le texte est le suivant: "*Surpris d'une beauté si vive/ Mon destin veut que je la suive/ Sans pouvoir me tourner ailleurs:/ Et dans le désir qui m'emporte/ M'élevant d'une aile trop forte/ Je la vois, Je brûle, Je Meurs*", reprod. dans Jacqueline Lichtenstein, *La couleur éloquente*, Paris, Flammarion, 1999, p. 199. On trouve ainsi dans cet emblème l'évocation du feu divin de laquelle, cette fois, l'âme tente de s'approcher. Mais ici, le feu divin n'est plus ni le feu du dieu Soleil, ni, par typologie, celui du dieu chrétien, mais bel et bien celui du roi Soleil. On trouve d'ailleurs d'autres exemples amusants de cette perversion de l'image religieuse au profit d'un message politique, dans certaines natures mortes de l'époque de Louis XIV qui réinterprètent le symbole du tournesol de fidélité (amoureuse, au sens mystique du concept) au Christ, cf. Flamen, "*Emblesme VIII - Je le suivrai jusques-là*", pp. 30-32, en symbole de fidélité amoureuse (au sens charnel) de la concubine (représentée par la fleur de tournesol donc) à son royal et, de plus, solaire (soit astral, au sens classique de l'identification entre les despotes et les dieux, et ce depuis la plus haute Antiquité) amant (qu'on imagine se levant, à gauche, derrière la fenêtre ouverte), cf. *Symbolique et botanique - Le sens caché des fleurs dans la peinture au XVIIème siècle*, Paris, Trianon de Bagatelle, 1989, fig. 10.

PLANCHES

De haut en bas, et de gauche à droite, les Planches reproduisent:
Bruegel l'Ancien, *La chute d'Icare; Vue sur la baie de Naples; Proverbes flamands; Paysage avec Mercure et Psyché; Dénombrement de Bethléem; La Conversion de saint Paul; La Tour de Babel.*
Illustrations des chapitres 8, 28, 36, 45, 47 et 75 de Sebastian Brant, *La gra[n]t nef des folz du mo[n]de,* "*Premiereme[n]t co[m]posee en aleman par maistre Sebastien Brant ... Consecutiuement daleman en latin redigee par maistre Jacques Locher. Reueue [et] ornee de plusieurs belles concordances et additions par ledit Brant. Et de nouuel translatee de latin en fra[n]coys ...* « , 1499, traduction et images reprises de *Stultifera nauis*, Bâle, 1497, édition elle-même traduite de: *Das narrenschiff*, Bâle, 1494.
Illustration du chapitre 75.
Andrea Alciati, *Toutes les emblemes*, Lyon, 1558: Emblème 56: Phaëton ("*Contre les temeraires*", F1,v., p. 82); Prométhée ("*Ce qu'est sur nous, est rien à nous*", H6v., p. 124); Icare ("*Aux Astrologues*", H7r., p. 125).
Gabriel Rollenhagen, *Nucleus emblematum selectissimorum*, Emblème 12: Phaëton.
Méditation sur la Mort, Emblème allemande, c.1600.1625
Albert Flamen, *Devises et emblesmes d'amour moralisez*, Emblème 12: « *Il se conduit par adresse*» (Phaëton).
Jean Baudoin, *Emblèmes divers*, Discours XVII: "*Contre l'amour de soi-même*" (Narcisse); Discours XXIV: "*Des Rebellions*" (Typhon); Discours XXXVI: "*Que la voie du milieu est la plus seure*"(Icare).
Otto Van Veen, *Amorum emblemata figuris*, Emblème "*Au milieu plus seure*"(Icare).
Carlo Saraceni, *La chute d'Icare.*

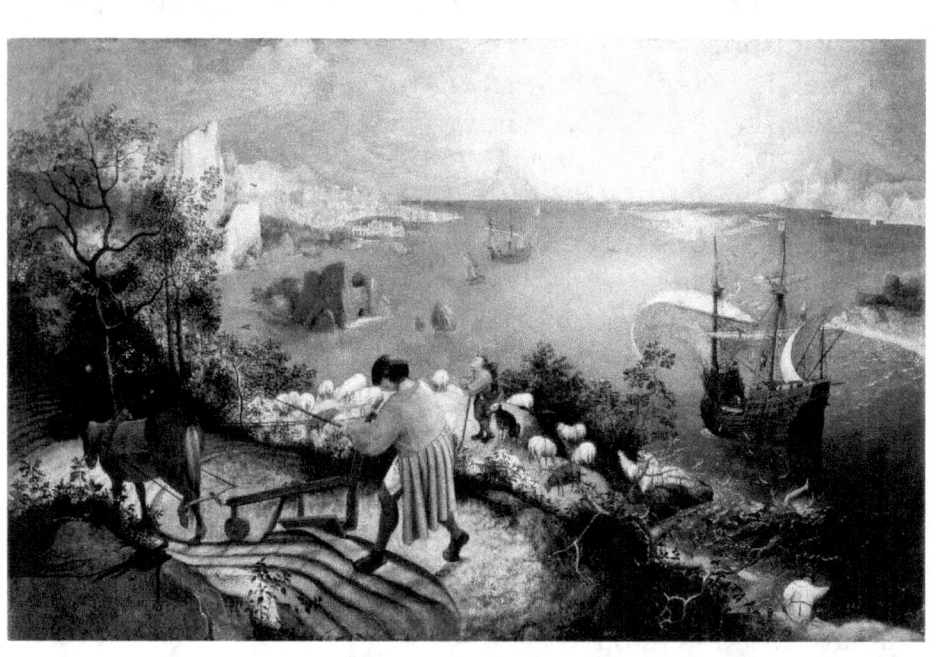

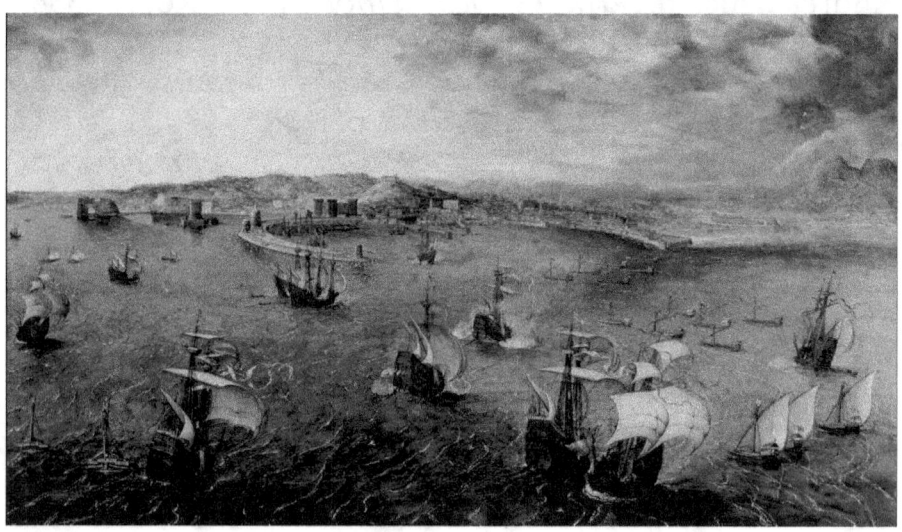

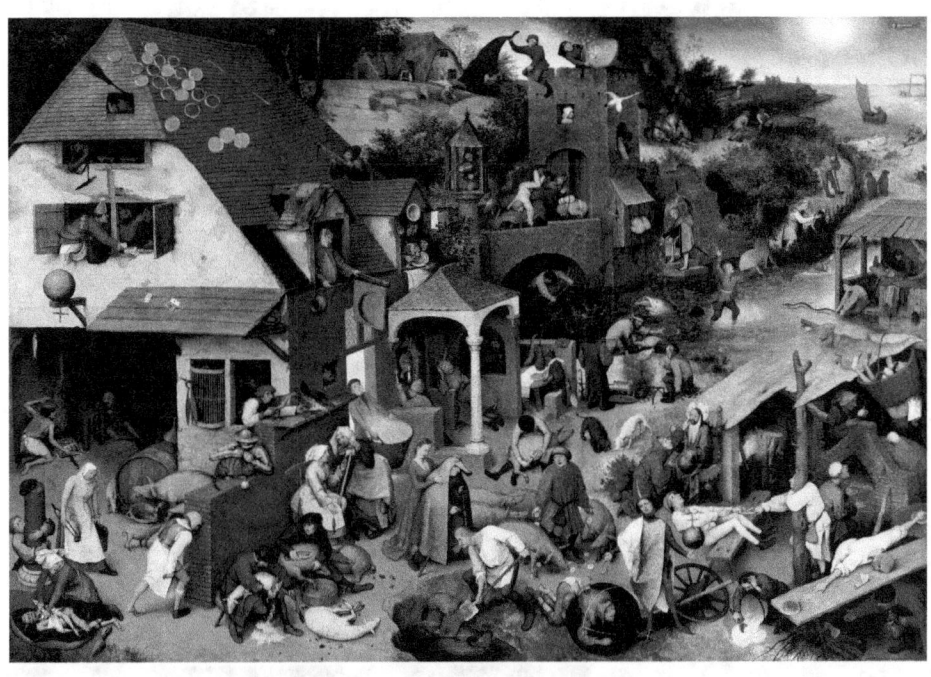

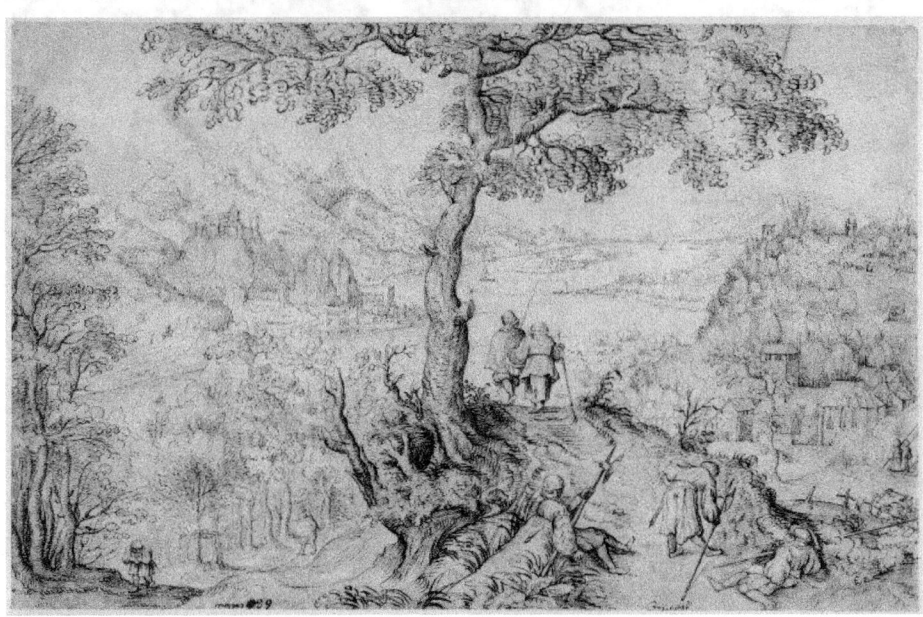

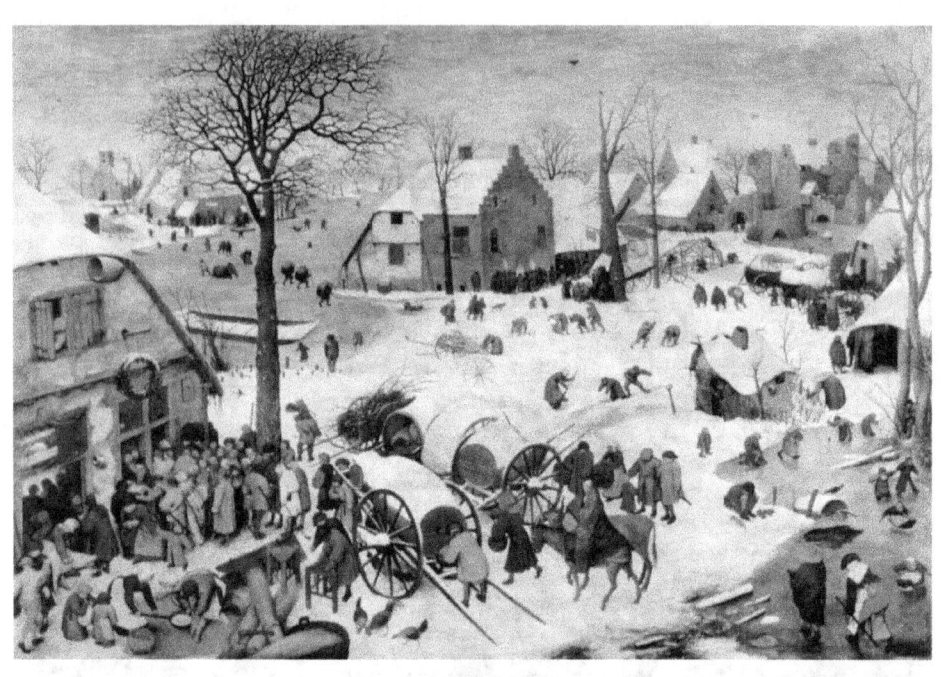

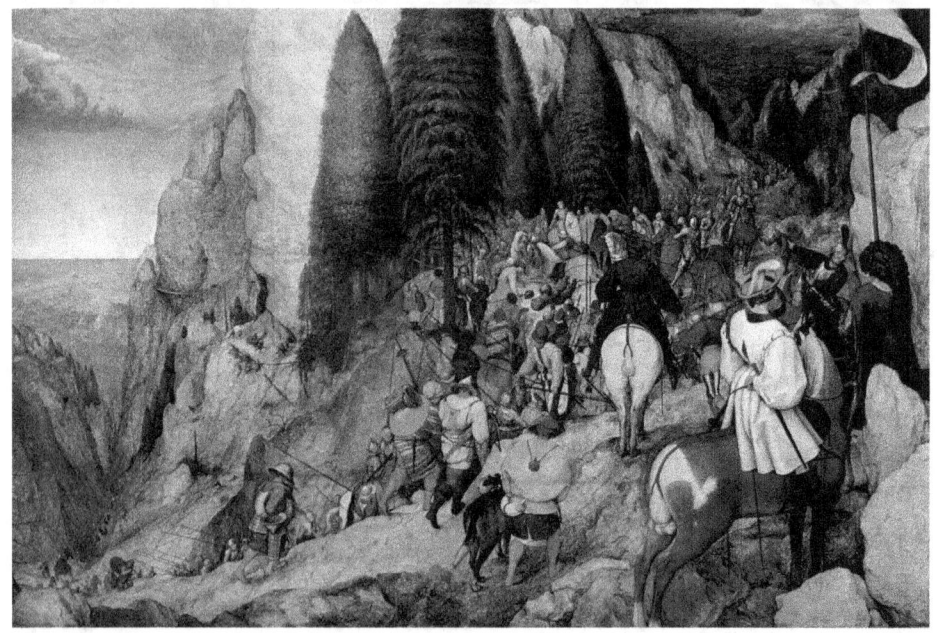

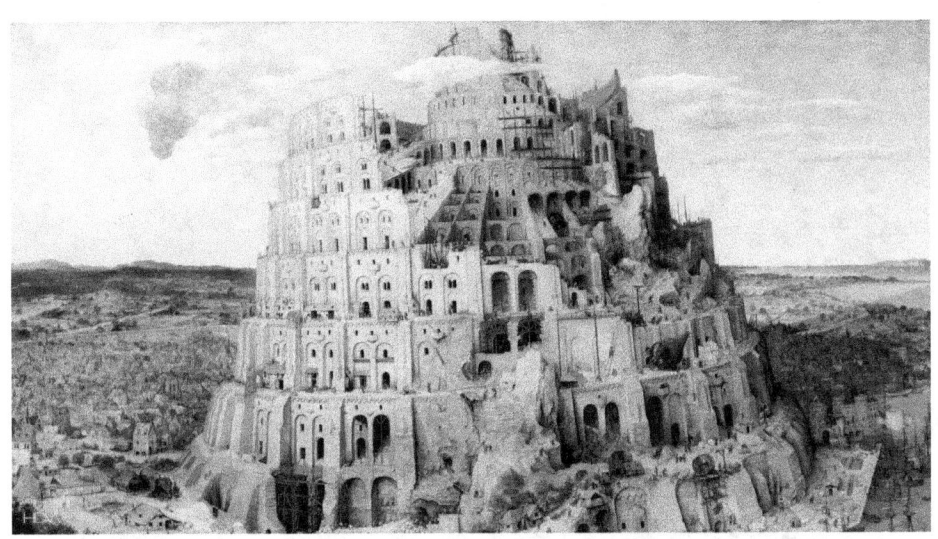

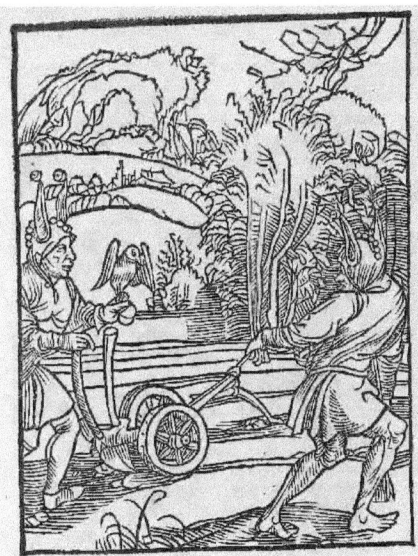
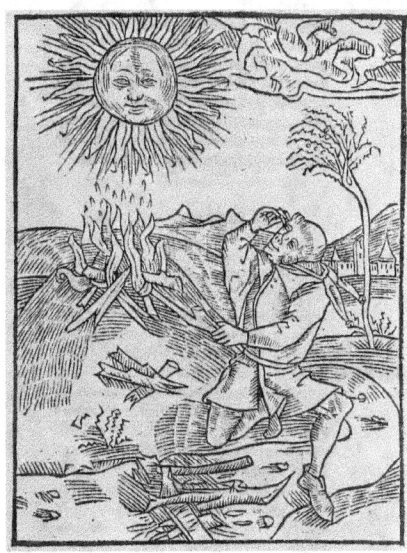

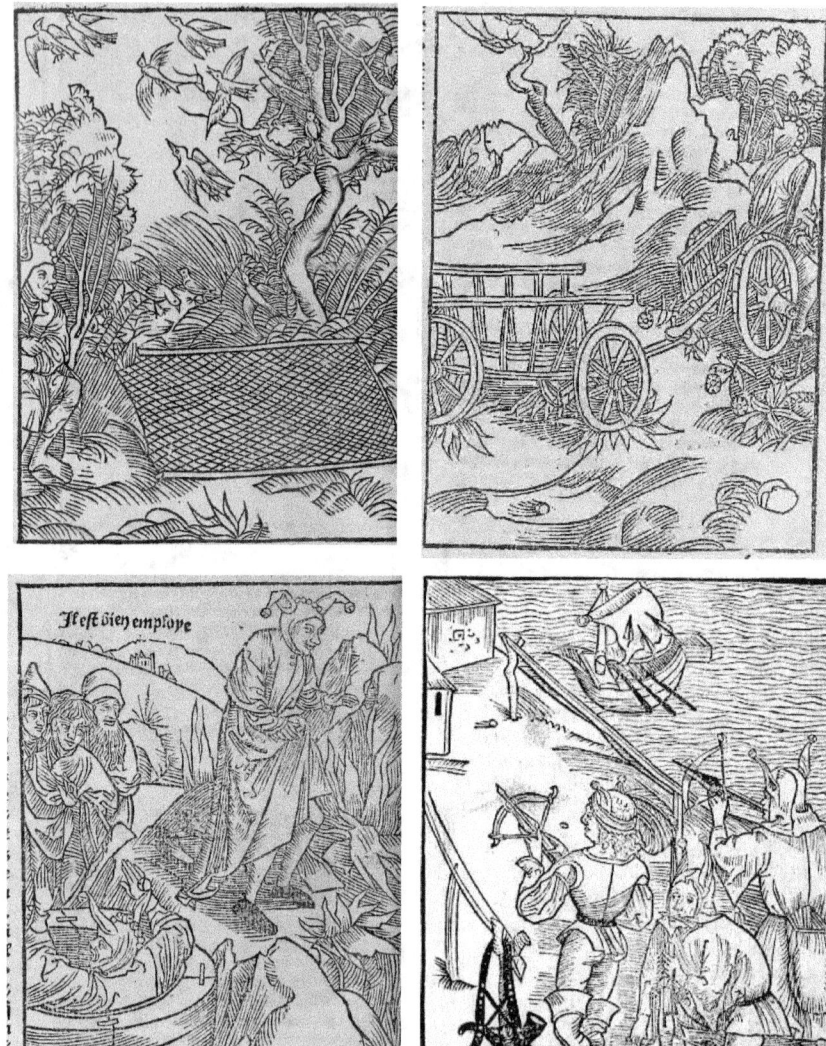

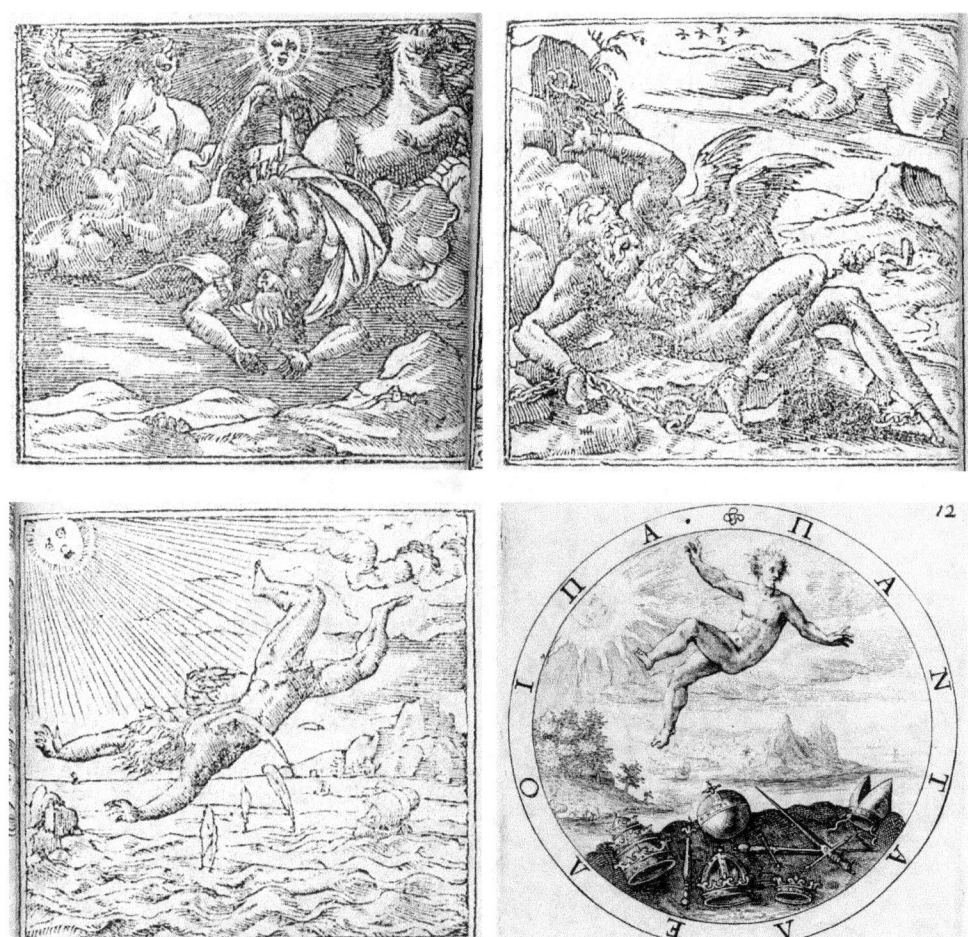

Meditatie van de doot
69.

DVL
CIA
LINQVE
BANT
LAMEN
TIS
LVMINA
VITÆ

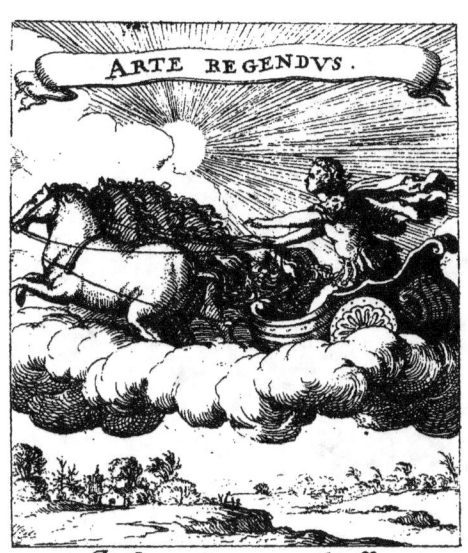

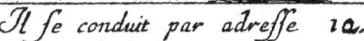

Il se conduit par adresse. 10.

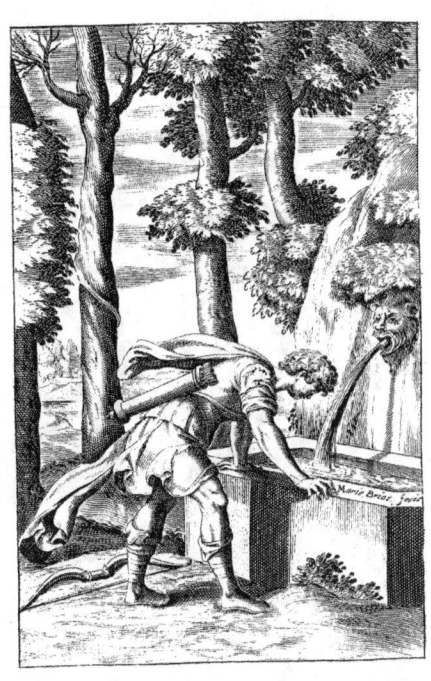

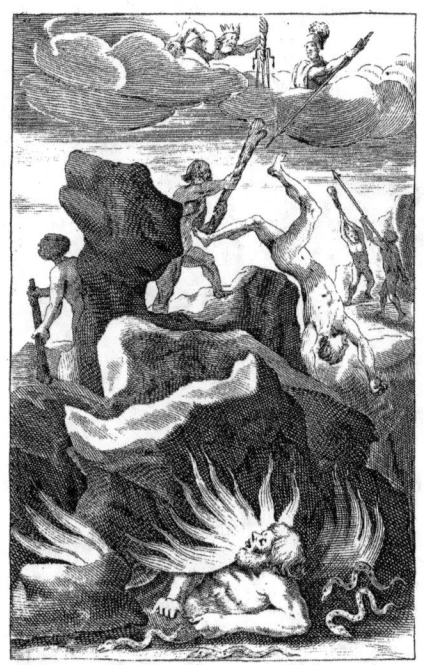

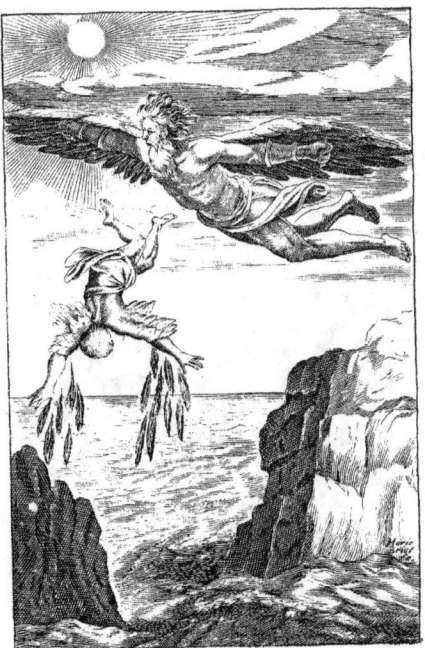

AMORVM.

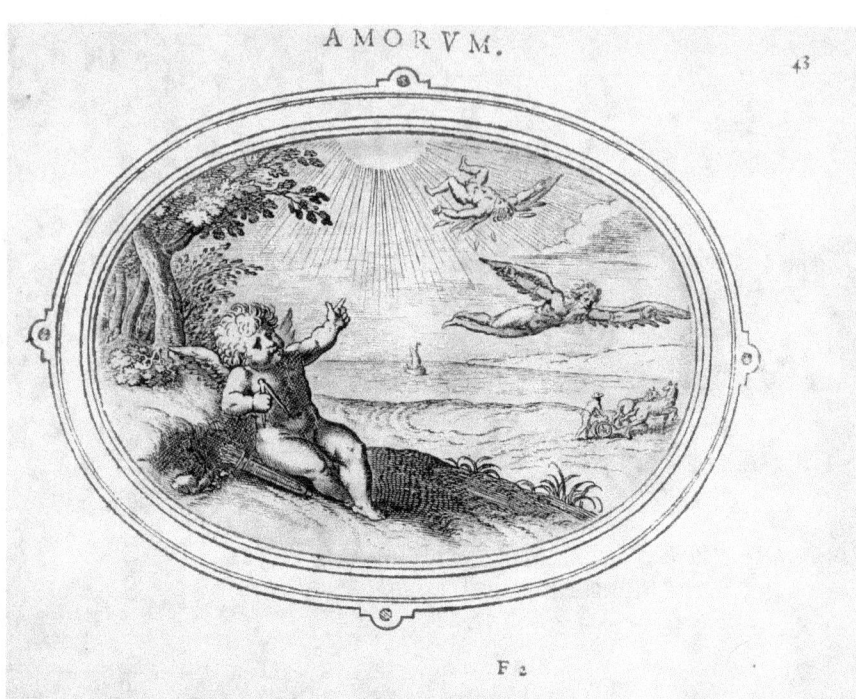

F 2

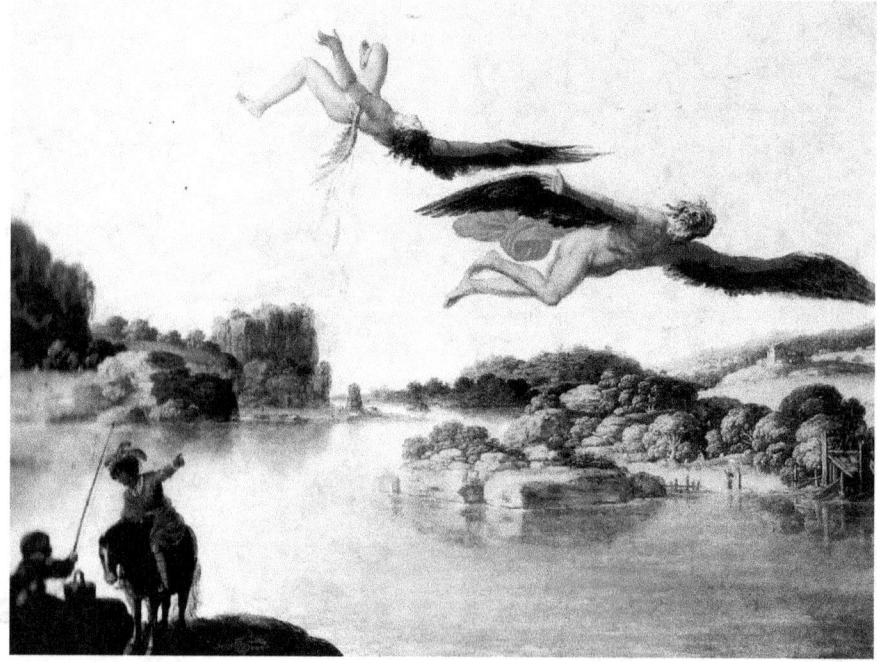

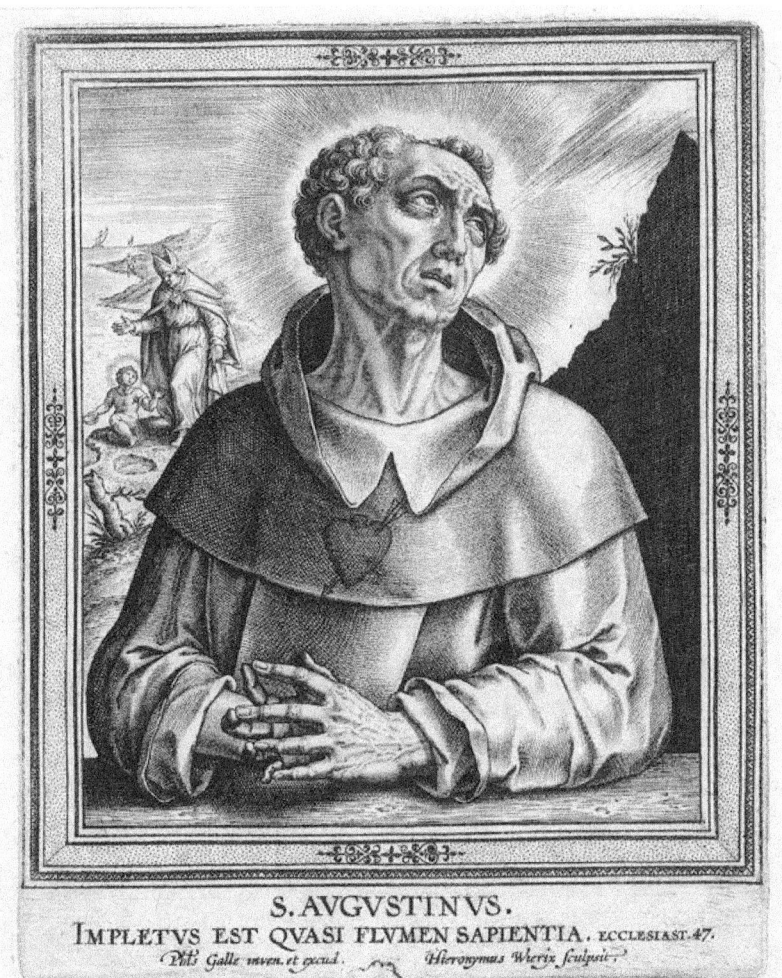

Hieronymus Wierix, d'après Philips Galle, *Saint Augustin*

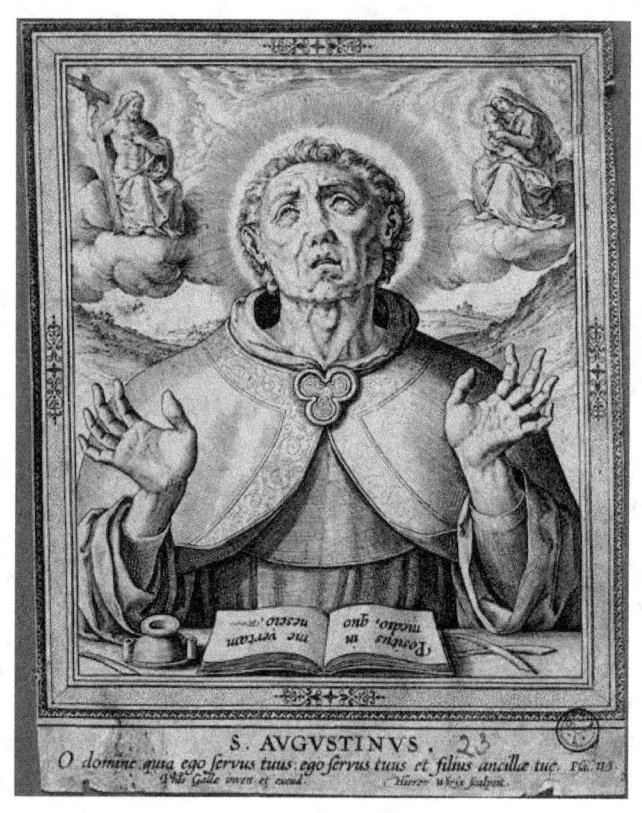

Hieronymus Wierix, d'après Philips Galle,
Saint Augustin

6　*Choice Emblems,*

Emblem II.

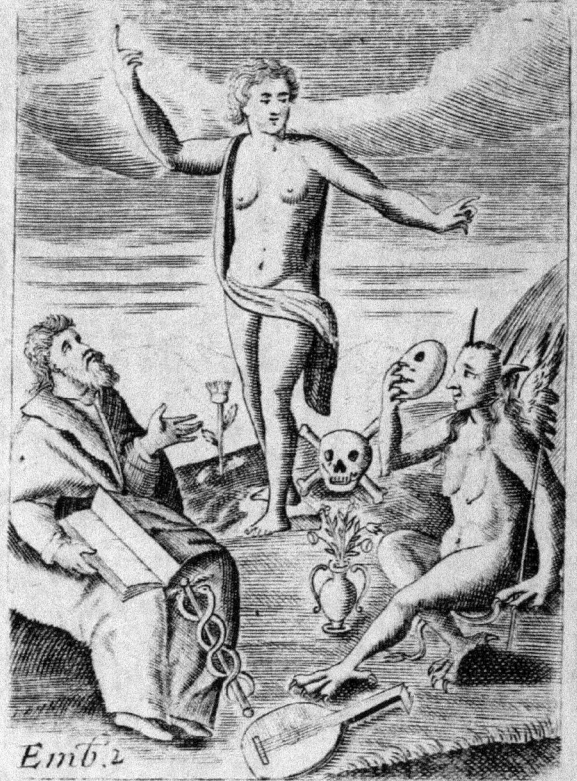

Emb. 2

Quo me vertam nescio.

The

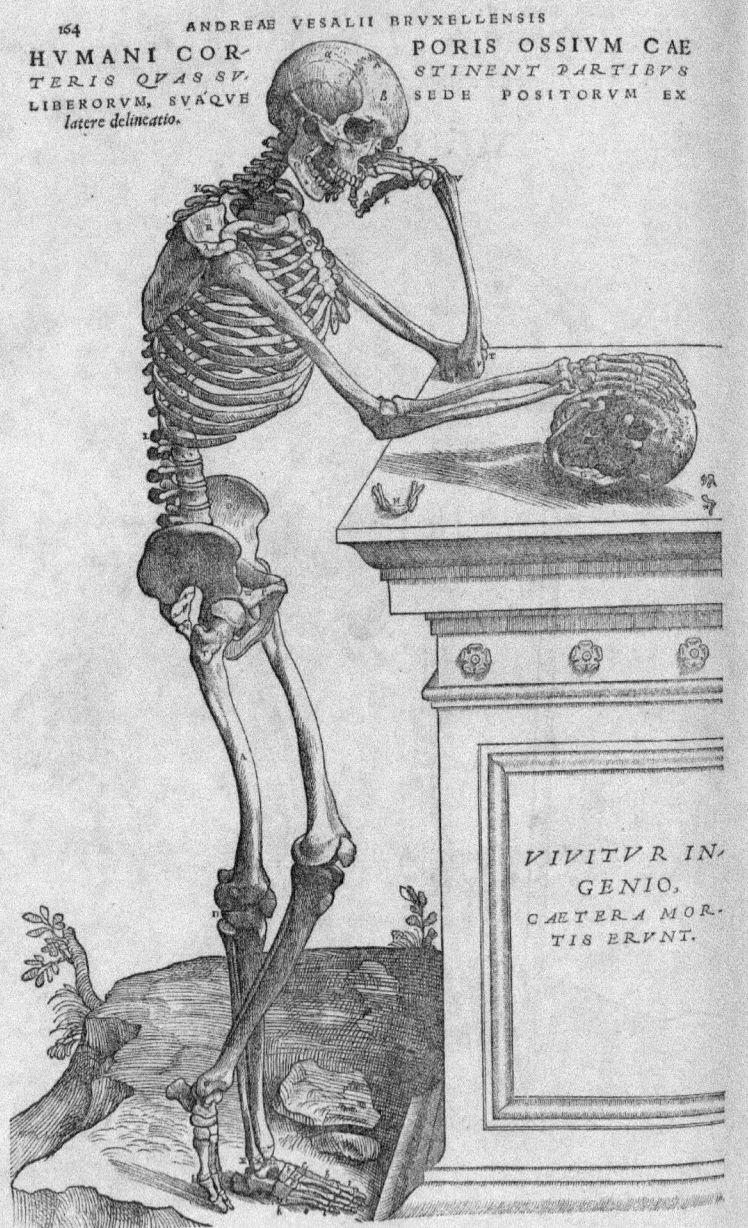

Andreas Vesalius, *De humani corporis fabrica*

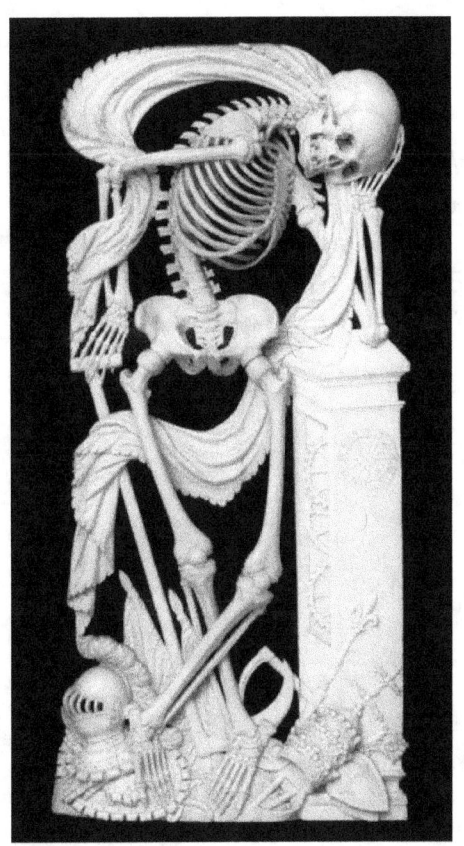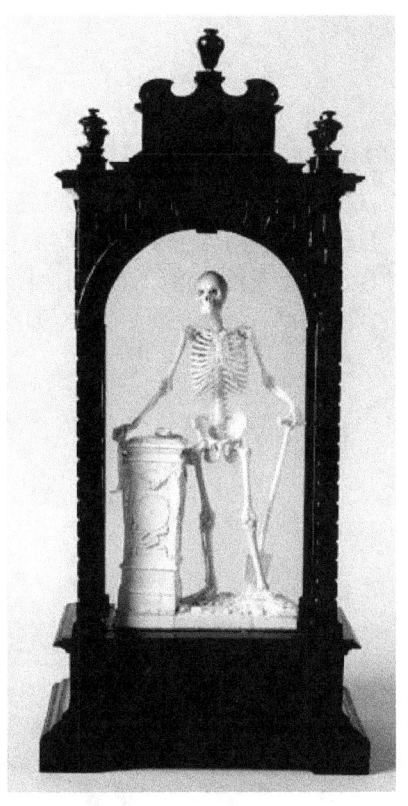

Ivoires du XVIIème siècle, à droite ivoire par Christof Angermair

Le Choix d'Hercule/Hercule à la croisée des chemins: Annibale Carracci; Giovanni Baglione; Gérard de Lairesse; Paolo de Matteis; Nicolas Poussin; Pompeo Batoni; Emmanuel Michel Benner; Justus Tiel, *Allégorie de l'Éducation de Philippe III*

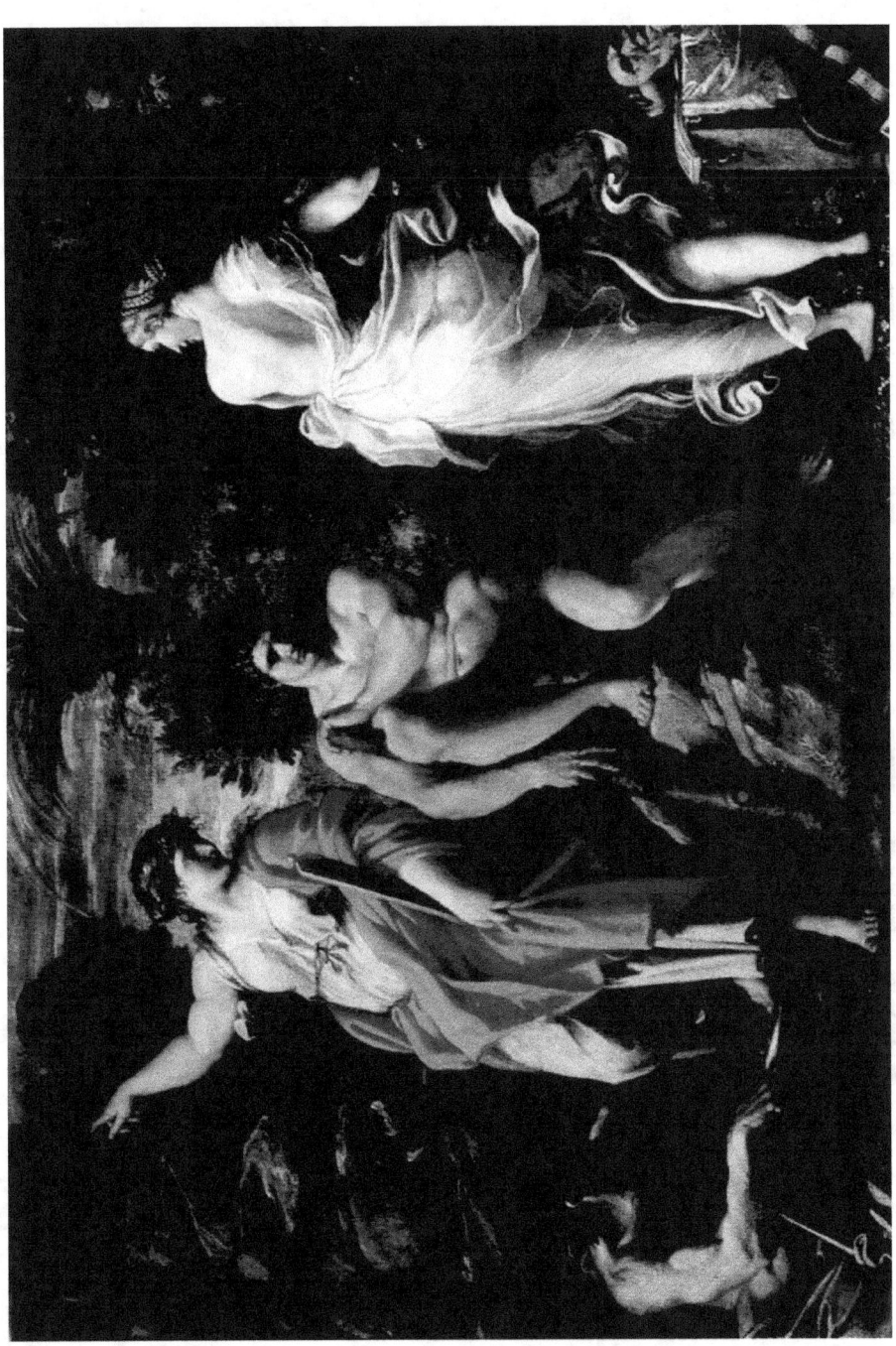

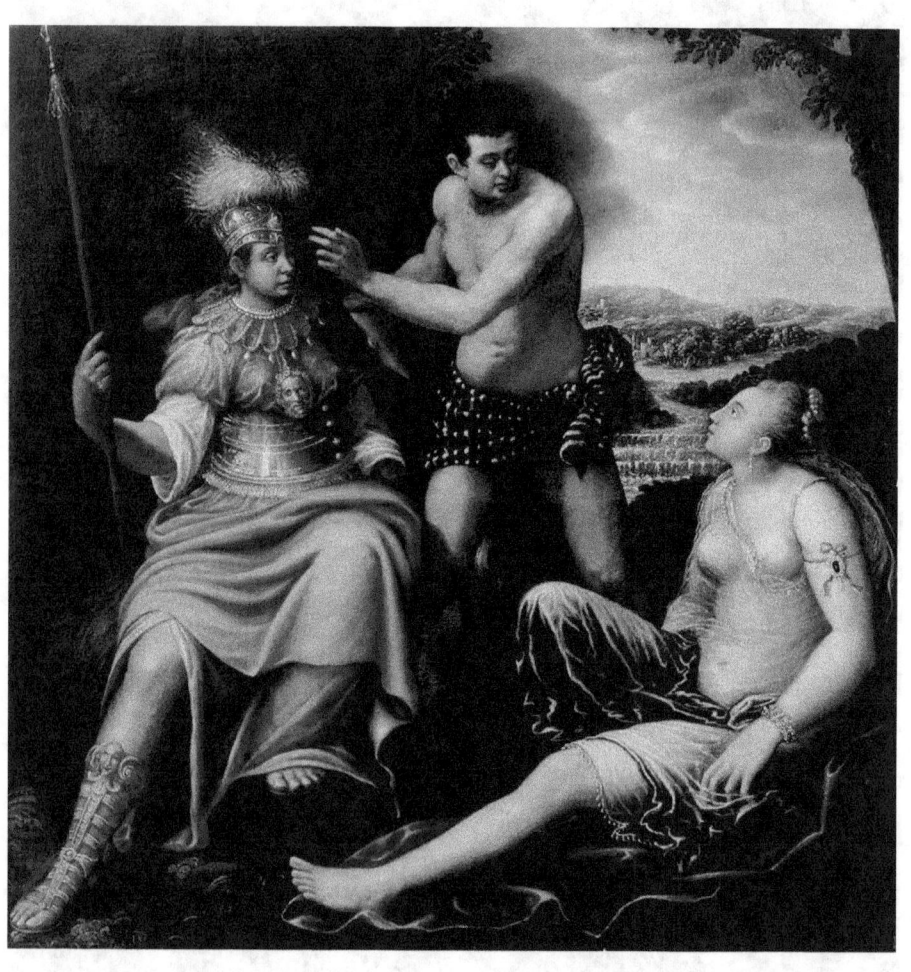

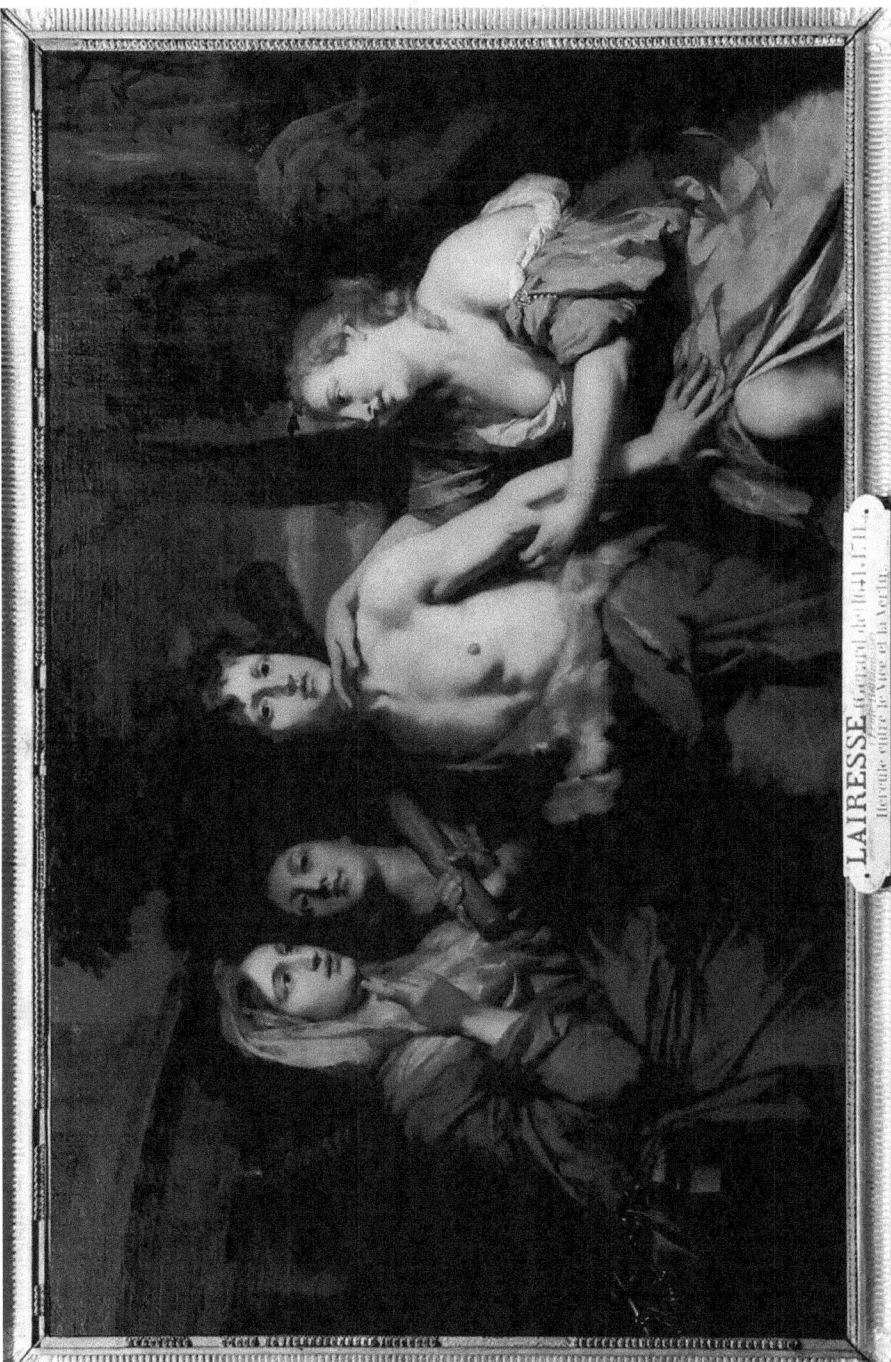

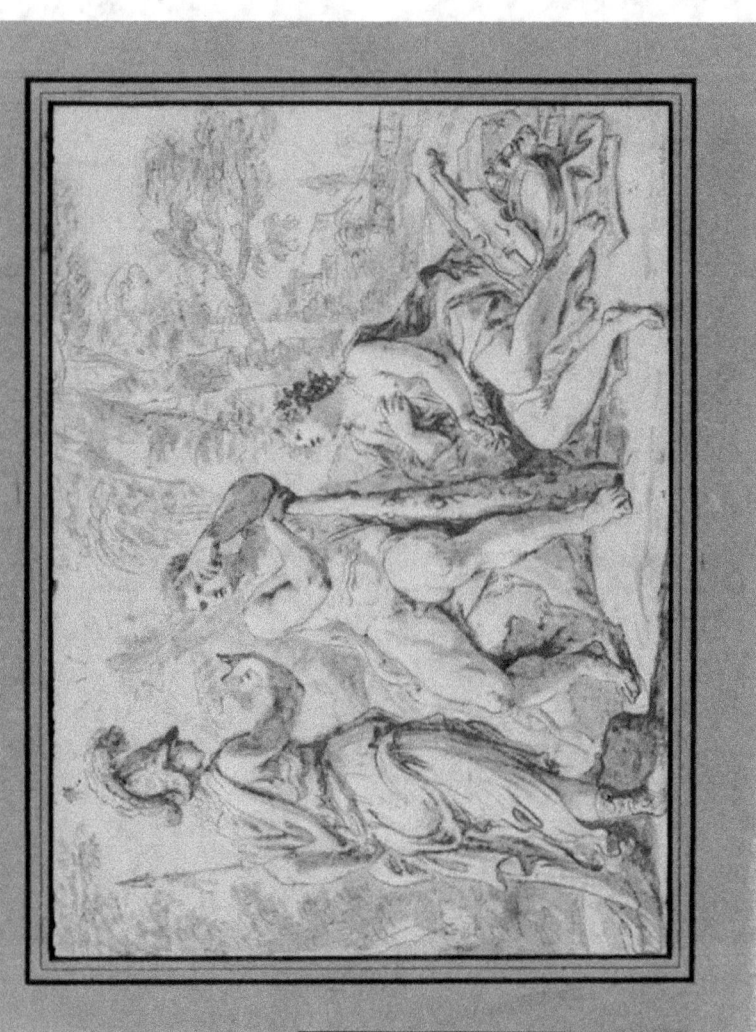

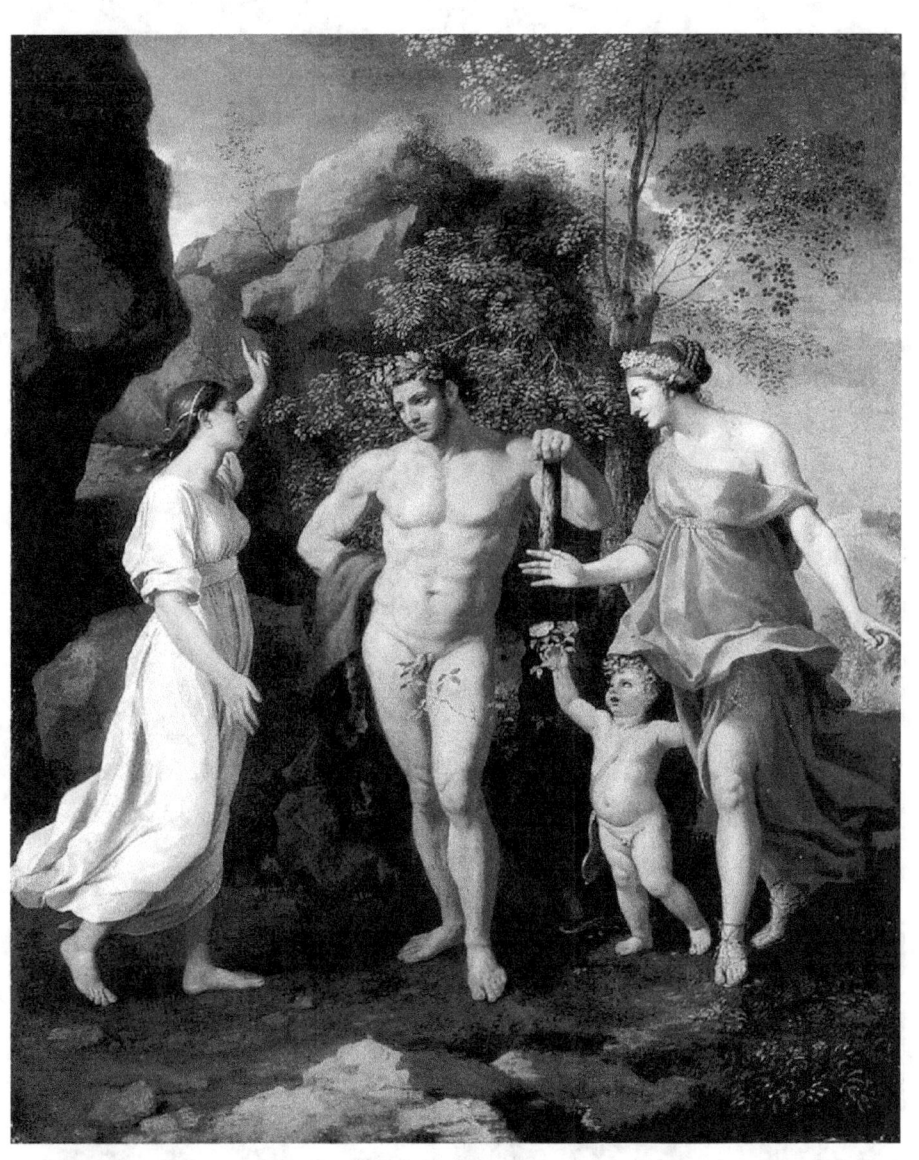

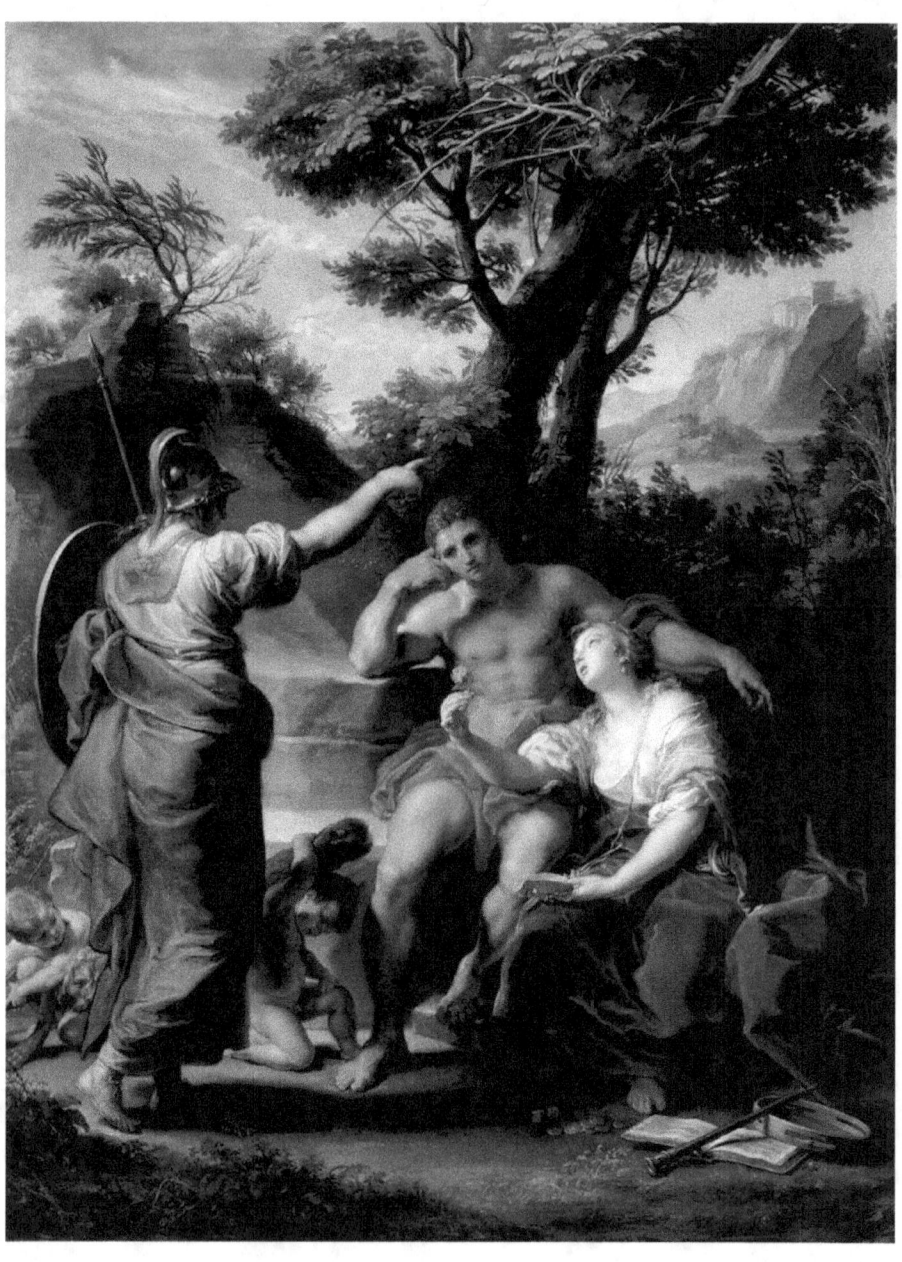

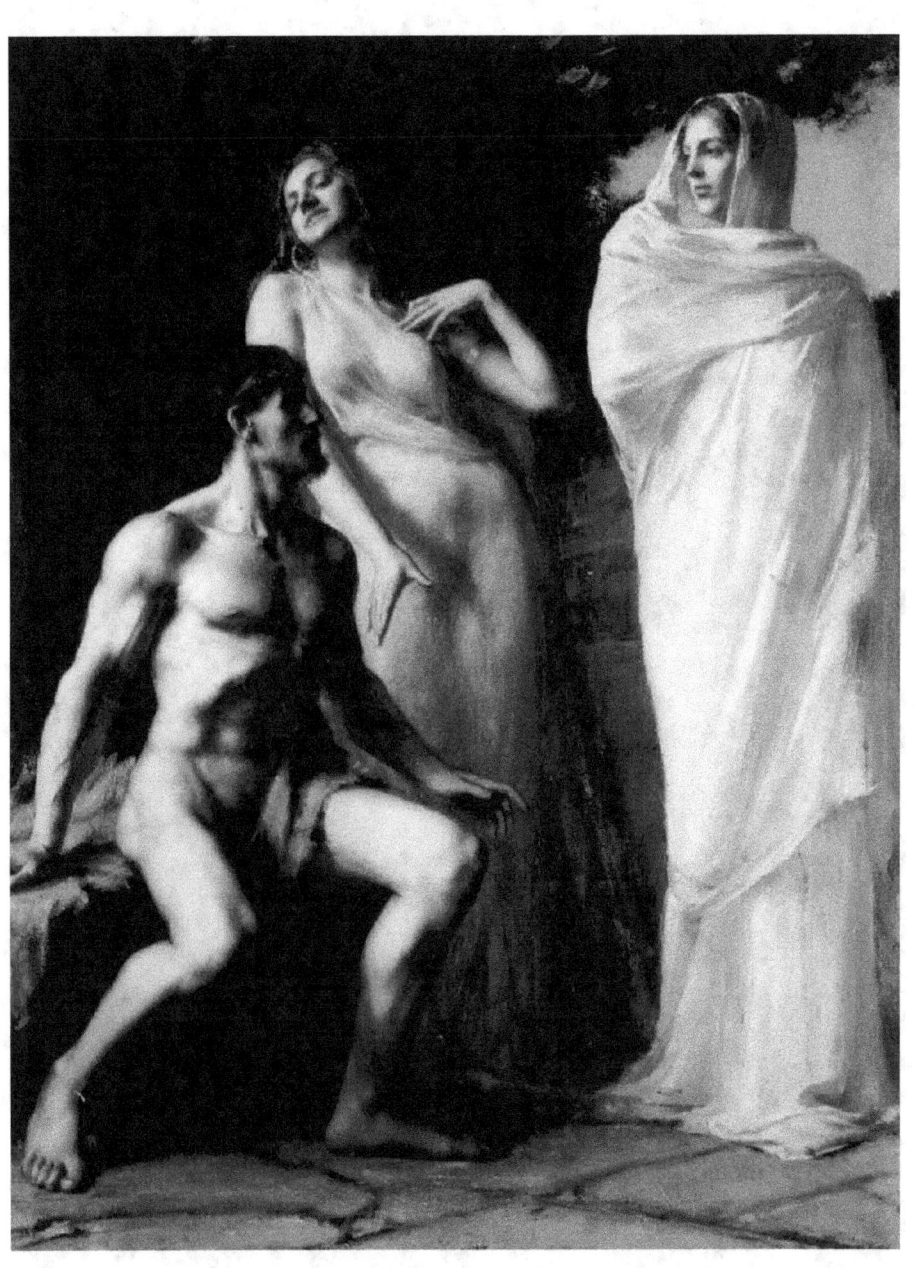

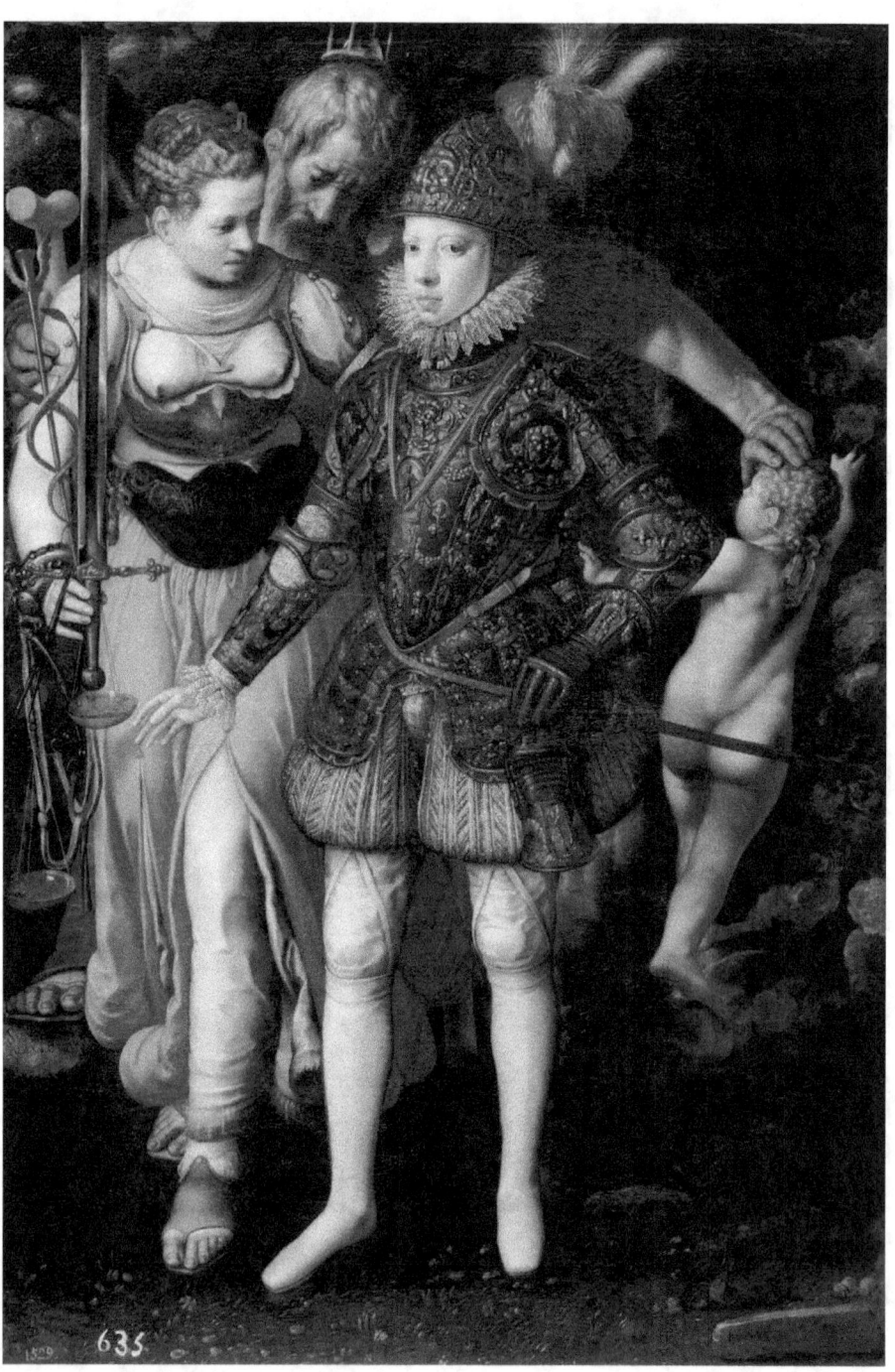

Gabriel Rollenhagen, Emblème 1

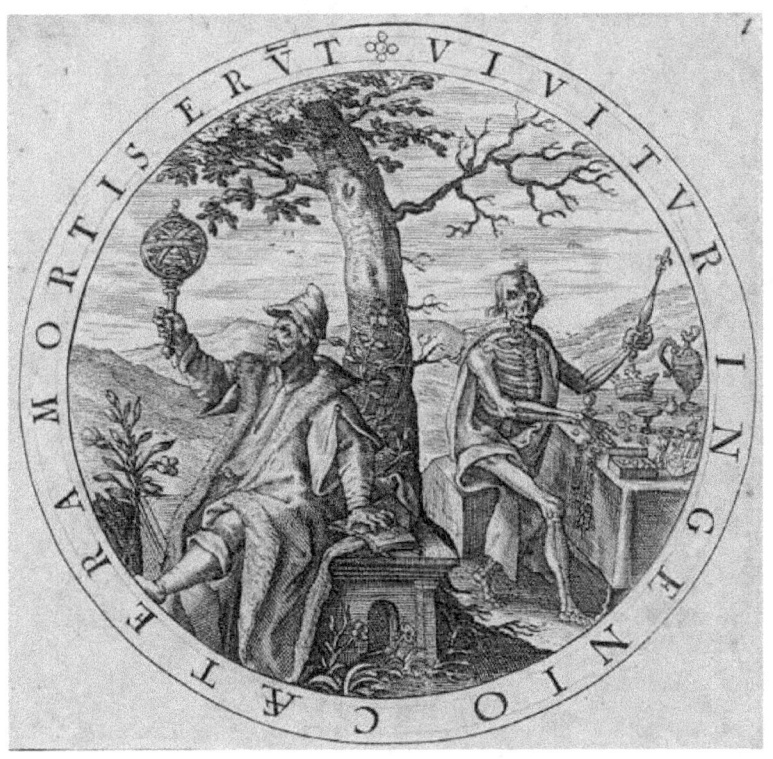

Gabriel Rollenhagen, Emblème 12

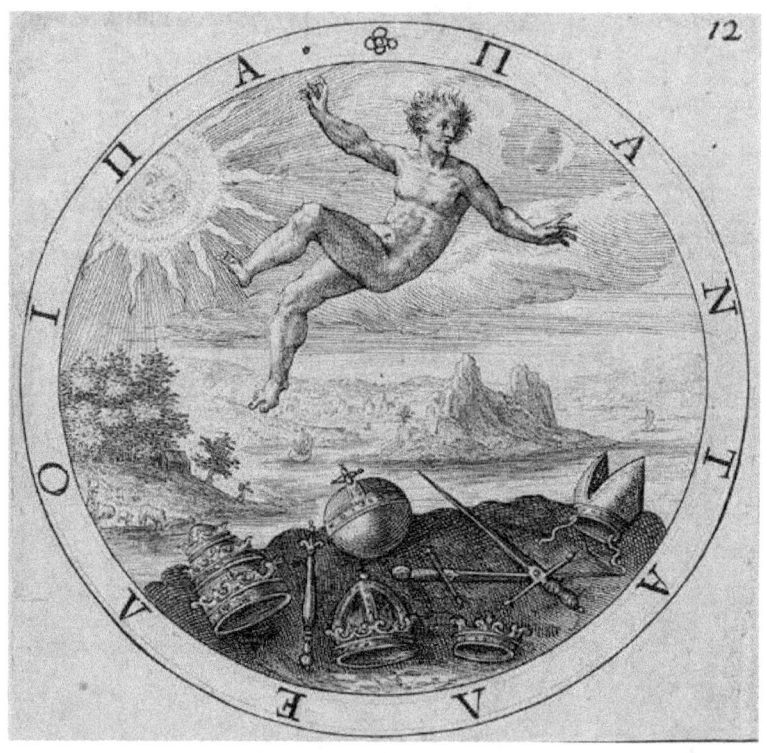

Gabriel Rollenhagen, Emblème 14

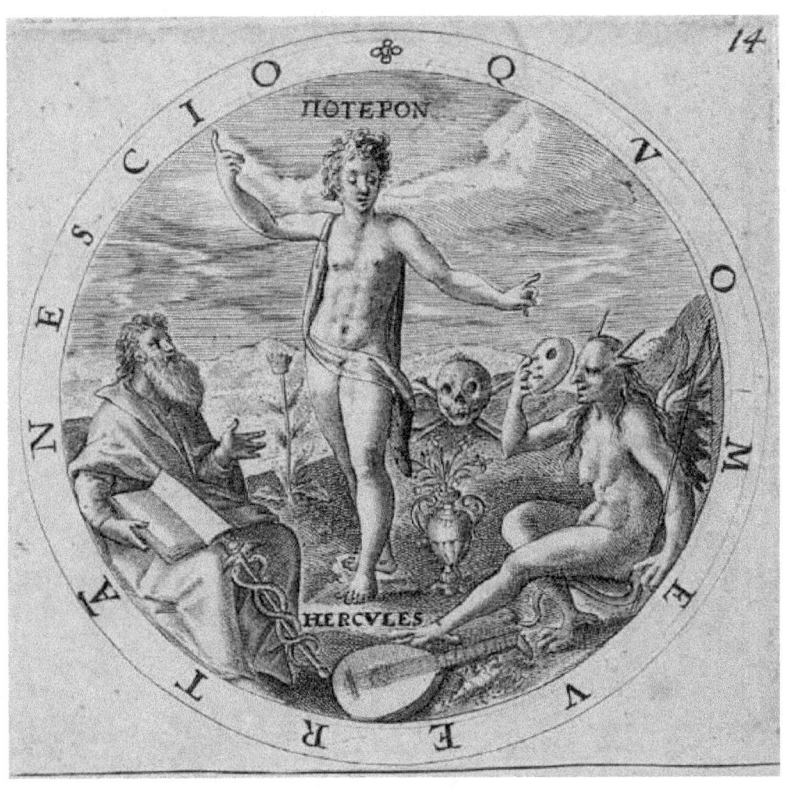

Gabriel Rollenhagen, Emblème 48

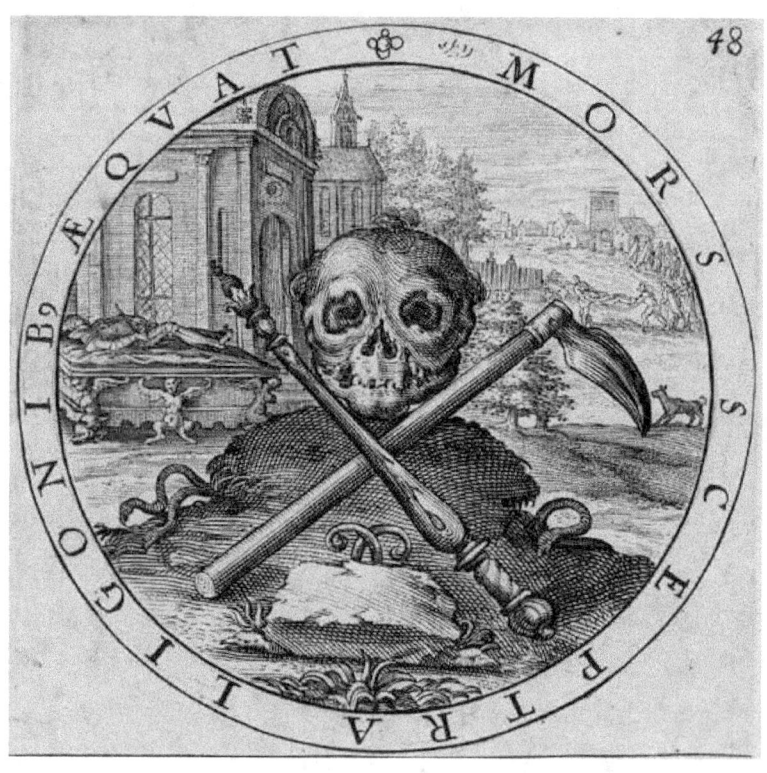

Gabriel Rollenhagen, Emblème 84

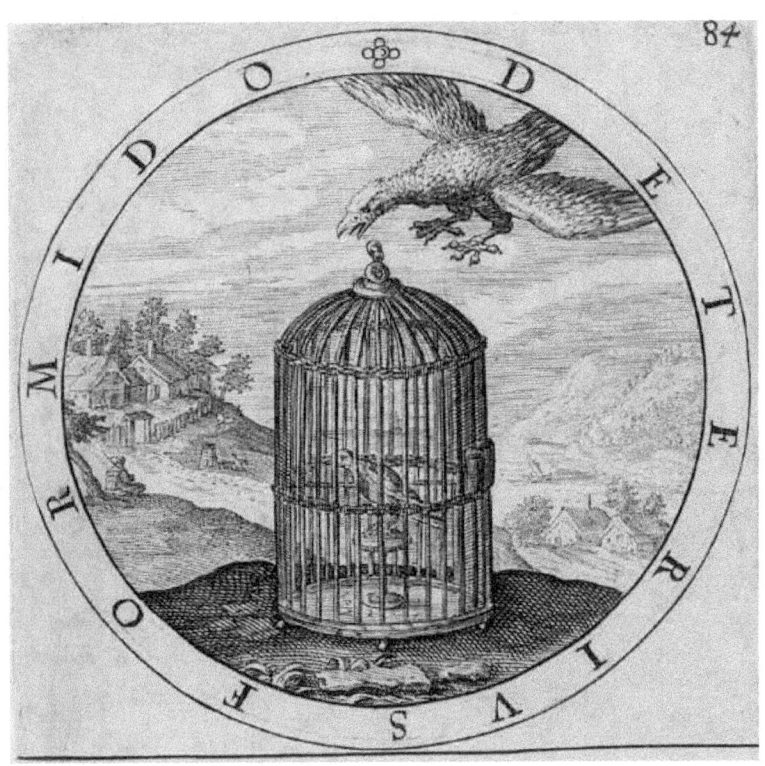

Gabriel Rollenhagen, Emblème 86

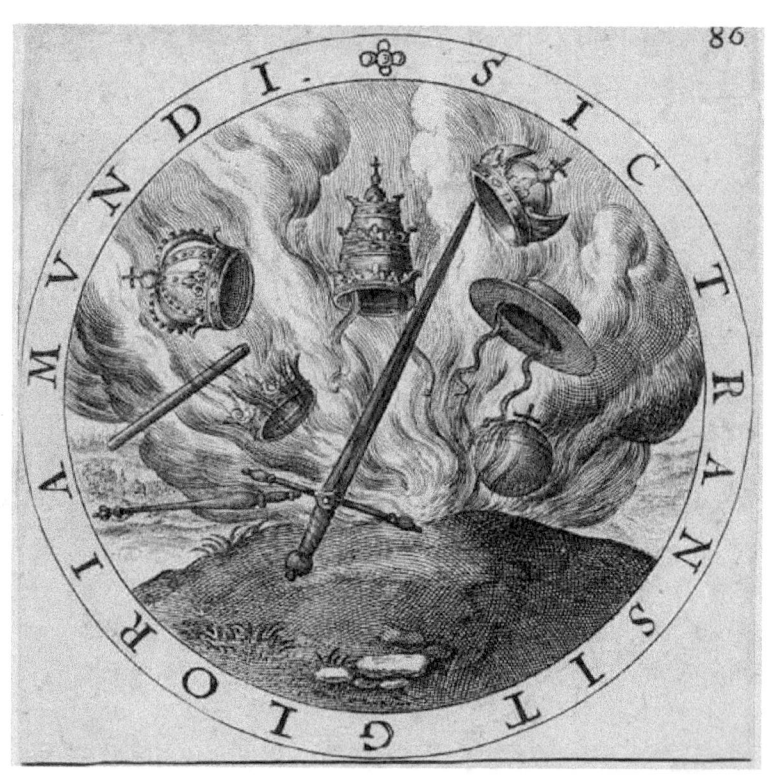

Jean-Adam Seupel,
Vivitur. Ingenio; Caetera. Mortis. Erunt

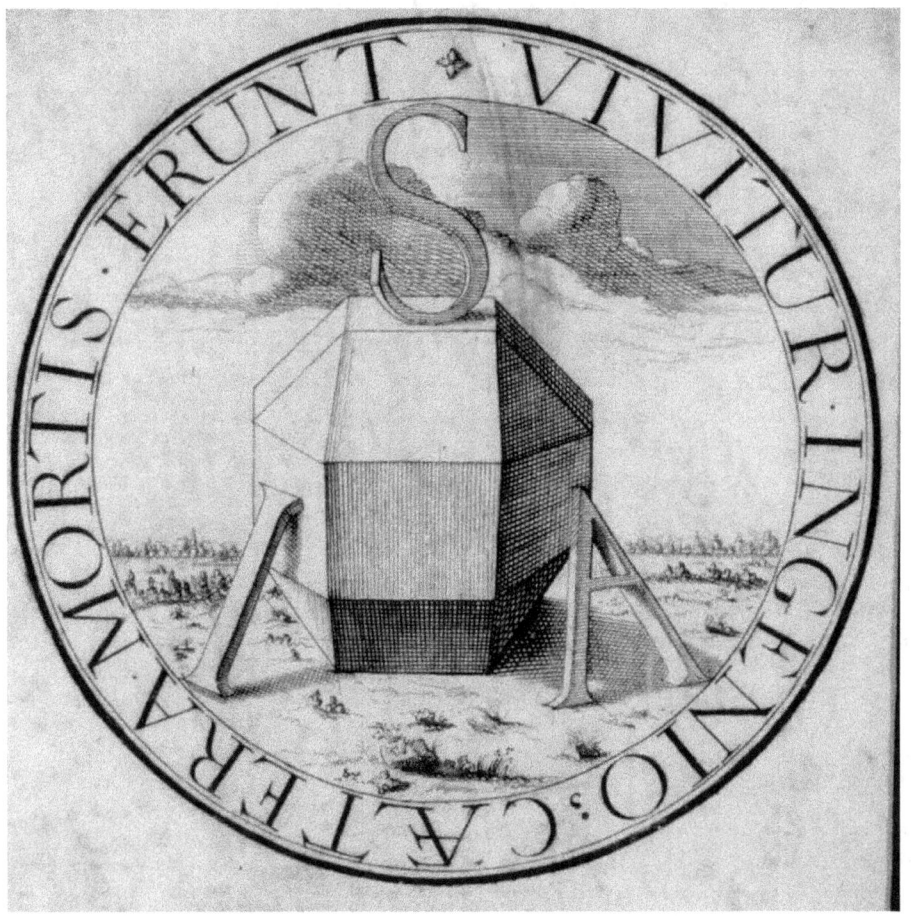

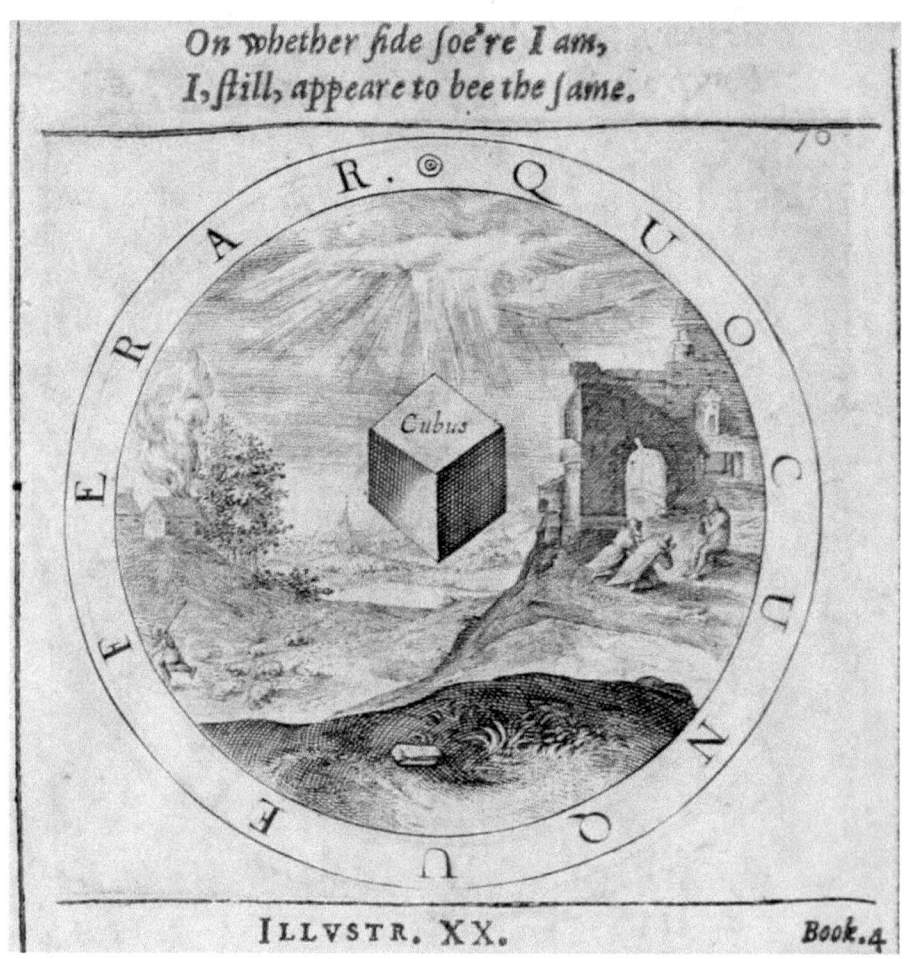

George Wither, Emblème XX du Livre IV

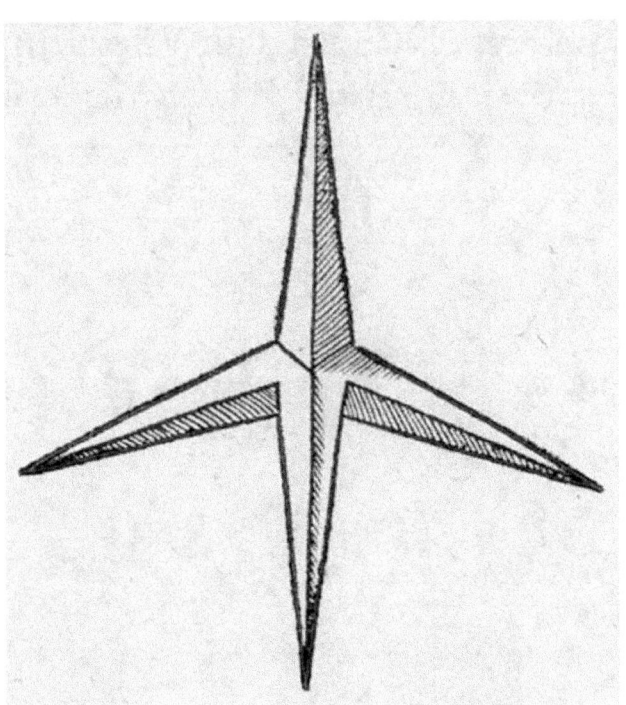

Claude Paradin, *Quocunque ferar*

www.ingramcontent.com/pod-product-compliance
Lightning Source LLC
Chambersburg PA
CBHW050108230526
45470CB00004B/1730